Consolations

Ouvrage publié sous la direction de Catherine Meyer

Collection Proche
26, rue Jacob, 75006 Paris
Tél.: 01 42 17 47 80

Illustration de couverture : © Merijn Jansen

Christophe André

Consolations

Celles que l'on reçoit et celles que l'on donne

PROCHE

Pour Édith

« La cendre ne parvient qu'à me prouver la flamme. »

Victor Hugo, « Les Enterrements civils[1] »

Un besoin immense de consolation

J'ai longtemps été aveugle à la consolation. En tant que psychiatre, je me contentais de soigner ; en tant qu'auteur, d'expliquer et d'encourager ; en tant qu'humain, de réconforter.

Un jour, je suis tombé malade, gravement, et je me suis dit que ma vie allait peut-être se terminer plus vite que je ne l'avais prévu. Cela ne m'a pas rendu anxieux, plutôt triste de quitter cette existence avant de m'en être lassé. Et cette tristesse ne m'a pas replié sur moi, mais m'a poussé à observer ce monde plus attentivement encore. Comme toutes les personnes menacées par la mort, j'ai trouvé que la vie était belle. Et comme beaucoup d'entre elles, j'ai découvert que j'avais un besoin immense de consolation : dans ma grande fragilité, du corps et de l'esprit, le moindre sourire, le moindre chant d'oiseau, le moindre copeau de bienveillance ou de beauté me faisaient un bien infini.

De retour chez moi après mes hospitalisations, j'ai mis de l'ordre dans mes papiers (on ne sait jamais...). Et en rangeant de vieux livres de psychiatrie pour les donner, je suis tombé sur un petit marque-page dédicacé par un de mes anciens patients de Toulouse, un homme tourmenté, toxicomane, bipolaire, que j'aimais beaucoup... J'avais le plus grand mal à le soigner et à le stabiliser, mais il ne voulait voir personne d'autre que moi, et revenait presque toujours en consultation, même quand il était en sale état. Parfois, il disparaissait quelque temps, quand il avait trop honte de lui pour venir me voir.

Sur le marque-page étaient écrits ces mots : « Cher Docteur André, merci pour votre patience à mon égard et pour la grande confiance que vous me donnez lorsque je suis avec vous. Philippe. » Philippe* a fini par se suicider, quelque temps après mon départ de Toulouse ; c'est son compagnon qui me l'a appris.

À cet instant, laissant défiler le souvenir de nos séances de thérapie, je me suis dit que j'avais échoué à le guérir (c'est vrai qu'il ne m'y aidait guère) mais que j'avais, presque toujours, réussi à le consoler. Sans le savoir.

Lorsque j'avais du mal à guérir mes patients, il m'arrivait de me demander pourquoi ils revenaient tout de même me voir, fidèlement, et avaient l'air heureux, malgré tout, de ces retrouvailles. Je me disais qu'à leur place j'aurais sans doute cherché un autre médecin. J'étais alors aveugle à la consolation, plein de ma conviction qu'un bon soignant ne pouvait se satisfaire que de guérison. Je n'avais pas encore compris que, à côté de la science et de la bienveillance, je pouvais apporter d'autres choses aux patients pour les aider et les consoler : douceur, fraternité, sincérité, spiritualité... Je les leur donnais sans doute, au moins en partie, mais à mon insu. Focalisé sur le bien que je n'arrivais pas à faire (guérir), je méconnaissais celui que je faisais (consoler).

Finalement, malgré la maladie, je suis toujours là. La mort m'a pris dans le creux de sa main, puis m'a reposé dans la vie. Comment expliquer que je ne sois pas traumatisé et anxieux de cet épisode, mais apaisé et plus heureux de vivre encore ?

---

* Tous les prénoms des personnes citées dans ce livre ont été modifiés.

Peut-être parce que j'ai découvert la consolation, qui, bien plus qu'un réconfort passager, est un moyen de vivre avec les orages, une déclaration d'affection, une chanson douce qui remet en lien avec le monde, le monde tout entier, avec ses beautés et ses adversités.

Comme un fil rouge, elle court tout au long de notre vie, depuis notre naissance jusqu'à notre mort. Nous ne cessons de la côtoyer et d'avoir besoin d'elle : de manière ouverte, lorsque nous sommes enfants ; secrètement, lorsque nous devenons grands.

Les consolations, c'est tout ce que l'on espère, ou que l'on offre, quand le réel ne peut être réparé. C'est tout ce qui nous relève, écarte pour un instant nos désespoirs et nos résignations et ramène doucement en nous le goût de la vie.

Puisse cet ouvrage ne pas être seulement un livre sur la consolation, mais aussi un livre consolateur…

Je ne sais pas si nous pourrons vous consoler

Bonjour Marie,

Je suis désolé de faire votre connaissance dans des conditions aussi douloureuses pour vous. Merci de la confiance que vous nous manifestez en nous parlant de votre souffrance.

Je ne sais pas si nous pourrons vous consoler.

C'est très difficile, la consolation : on ne peut rien réparer, rien changer à ce qui fait souffrir, on sait que nos paroles ne peuvent apporter qu'un réconfort passager, voire pas de réconfort, voire encore plus de souffrance, parfois ; parce qu'elles sont maladroites, impuissantes, parce qu'elles arrivent au mauvais moment.
Mais on ne peut pas se contenter de cela, se contenter de dire qu'il n'y a rien à dire, pour soulager la souffrance d'une maman qui a perdu son enfant.
Alors je vais vous confier, humblement, ce que je m'efforcerais de faire si j'étais frappé par la même douleur terrible que vous.
Lorsque nous sommes engloutis par la souffrance, submergés par les remous de tout ce qu'elle charrie

avec elle, cette souffrance (ressentiment, désespoir, culpabilité, peur, envie, colère...), il me semble qu'il y a deux grandes directions à s'efforcer de suivre. D'abord, de notre mieux, rester en lien avec le monde, ne pas nous replier sur nous, ne pas nous rétracter sur notre douleur et notre malheur. Même si ce lien nous fait souffrir, parce que nous ne voyons plus ici-bas que l'absence de la personne aimée, c'est pourtant lui qui peu à peu va nous aider à revivre, tout doucement. Ensuite, se donner le droit, justement, de revivre. D'où elle se trouve, Lucie vous aime toujours, et vous soutiendra toujours. C'est elle qui vous redonnera le goût de vivre à nouveau, de regarder le soleil et le ciel, les fleurs qui s'offrent et les enfants qui rient, en souriant, malgré tout. Malgré la tristesse. Cette tristesse, elle ne vous quittera jamais. Mais elle sera peu à peu plus douce, et vous apportera un jour la paix. Elle vous permettra de penser à tous les bonheurs que vous avez connus avec Lucie, sans que cela vous fasse pleurer ou soupirer, mais juste sourire doucement : vous pouvez être heureuse, vraiment, d'avoir eu une telle fille, capable de paroles si belles, de générosités si grandes, heureuse de tous les bonheurs vécus à ses côtés, heureuse qu'elle ait aimé si fort la vie.

Ne jamais oublier ces bonheurs, c'est très important ; ne jamais chasser la tristesse et la souffrance qui viendront parfois les obscurcir, comme les nuages viennent cacher le soleil, c'est important aussi. Laissez vivre vos émotions, mais n'oubliez jamais de songer, régulièrement, à toutes les joies que Lucie vous a données, tenez-les en vie dans votre âme. Ouvrez aussi les yeux sur tous les petits bouts de bonheur qui vont doucement réapparaître dans vos journées, sans que vous vous en rendiez compte au début, comme des

fleurs sur le bord de ce chemin actuellement si pénible et douloureux.
N'écoutez pas les personnes qui vous demandent de « faire votre deuil » (ne leur en veuillez pas, non plus) : ce chemin, vous allez le parcourir à votre rythme, personne ne peut vous forcer à aller plus vite, et personne ne peut y avancer à votre place. Prenez votre temps, mais regardez au loin, regardez le ciel et les étoiles, le plus souvent possible. Ce n'est pas une image : regardez-les vraiment, regardez-les souvent, en respirant, en pensant à Lucie, en lui souriant.
Sa devise, que vous me citez dans votre lettre – « Le bonheur consiste à rendre les autres heureux » – est une merveille, dans sa simplicité, de générosité et d'intelligence. Votre fille était merveilleuse. Votre fille est merveilleuse. Gardez-la en vie dans votre cœur, continuez de lui parler, de partager avec elle toutes les belles choses que vous allez croiser désormais sur votre chemin.

Prenez bien soin de vous, mes pensées vous accompagnent.
Je vous embrasse.
Fraternellement,

Christophe André

Lettre à une mère dont la fille est morte, assassinée par les terroristes du Bataclan, en 2015, et qui m'avait écrit alors que j'exerçais à l'hôpital Sainte-Anne à Paris.

1
CONSOLATIONS

Qu'est-ce que la consolation ?

Consoler, c'est souhaiter soulager une peine.

Les mots comptent :

- On *souhaite* (sans pouvoir ne jamais être sûr du résultat),
- *soulager* (sans qu'il soit possible d'*effacer* ce qui fait souffrir),
- une *peine* (le terme désigne toutes les adversités ayant un impact émotionnel).

La consolation est à la fois ce qui console – l'affection de nos proches, l'action qui nous étourdit, la vie qui nous distrait, si l'adversité est mineure – et le cheminement, le processus qui nous fait passer de la peine au souvenir de la peine, de la douleur aiguë à la douleur sourde, de la désorientation à la compréhension, de la solitude au lien, de la plaie à la cicatrice…

De manière encore un peu plus minutieuse, on pourrait dire que la consolation, c'est :

- Tout ce qu'on propose (mots et gestes),
- à une personne qui est dans la souffrance, l'adversité, la peine, le chagrin,
- pour lui faire du bien, la soulager (dans l'immédiat),
- et pour l'aider à continuer de vivre (sur le long terme).

Quelle est la différence entre réconfort et consolation ? Réconforter, c'est soulager dans l'instant présent, et c'est déjà merveilleux et précieux. Mais l'ambition de la consolation est souvent plus vaste, plus haute, plus lointaine dans le temps. Il y a quelque chose de plus large dans la consolation que dans le réconfort, partiel et limité.

Sans doute le réconfort vise-t-il aussi, comme son nom l'indique, à rendre plus « fort », à faire revenir la personne affligée dans l'action et la société, là où la consolation vise moins l'efficacité que l'humanité blessée... À ce titre, le réconfort peut être compris comme une conséquence – précieuse – de la consolation. Ou comme une consolation tournée vers l'action plus que vers l'émotion.

La consolation n'est pas une recherche de solutions. Elle n'a pas pour objectif de modifier le réel (comme le ferait une « solution ») mais d'alléger le sentiment de souffrance. Être consolé ne consiste pas à être aidé au sens strict, par un secours qui changerait la situation ou nous permettrait de la modifier. La consolation ne vise pas l'adversité qui désole, mais la personne désolée : elle est une aide pour l'intérieur et non pour l'extérieur. Lorsqu'on peut agir, alors la consolation ne joue qu'un rôle secondaire (mais un rôle quand même). Si quelqu'un tombe, je le relève (solution) au lieu de me contenter de le consoler alors qu'il est à terre. Mais après l'avoir relevé, je peux aussi vérifier s'il a besoin d'être consolé (de sa peur, de son humiliation, de sa douleur...).

Grand-père est tombé

Je me souviens de la première chute que fit mon grand-père sous mes yeux. Je devais avoir 20 ans, j'étais déjà étudiant en médecine. Il trébucha sur un absurde coin de trottoir et s'effondra. Je me précipitai vers lui pour vérifier qu'il ne s'était rien cassé, mais il était déjà en train de se relever, avec quelques simples écorchures. Je craignais la blessure physique, mais je compris tout de suite que la meurtrissure était psychique : être tombé dans la rue, comme un petit vieux, devant tout le monde, et surtout devant son petit-fils qui l'admirait. Alors, de mon mieux, et intuitivement, je m'affairai à le consoler en détournant son attention de sa faiblesse et de sa fragilité, pour la porter sur moi (« Ouh là là, Papi, tu m'as fait drôlement peur ! »), sur le trottoir (« Ils sont dingues de laisser des trous pareils, plein de gens vont tomber à cet endroit »), sur ses chaussures (« Tu devrais porter des chaussures de sport, ça tient mieux le pied »). Le consoler, à cet instant, c'était le dédouaner de sa faiblesse, ne pas lui rappeler qu'il était désormais une personne âgée et fragile…

La consolation est une alchimie, aux processus parfois mystérieux, aux résultats parfois incertains, mais dans les cheminements consolateurs que nous allons évoquer vont figurer, presque toujours, mêlés à des degrés divers, quatre dimensions, quatre indispensables A :

- **Affection** : même si elle n'est pas formulée de manière directe, toute consolation est une expression d'affection à l'égard de la personne en détresse.
- **Attention** : ce qui nous console détourne notre attention de la peine ; même transitoire, même superficiel, même dérisoire, cet effet est bénéfique,

car toute suspension de la souffrance fait du bien à qui souffre, et lui permet de reprendre son souffle.

- **Action** : plus que des paroles et des conseils, c'est souvent l'invitation à l'action, et mieux encore, à l'action commune et partagée, qui permet aux personnes affligées de se remettre dans le mouvement de la vie.
- **Acceptation** : accepter une adversité, ce n'est pas s'en réjouir ou s'y soumettre, mais reconnaître qu'elle a eu lieu. L'acceptation représente une étape indispensable de tout processus de reconstruction ; cependant, elle est davantage une conséquence et un bénéfice de la consolation qu'une incitation à prodiguer de manière frontale. Elle est un objectif à l'horizon, que les personnes consolantes visent de manière implicite, pour y amener avec douceur les personnes à consoler.

Beauté de la consolation

Il y a des mots plus forts que d'autres, par ce qu'ils font naître en nous, des mots qui chantent et qui promettent, des mots symphoniques qui activent un ensemble d'images et de souvenirs. C'est le cas de la consolation : elle évoque l'enfance et les petits chagrins, mais aussi la mort et le deuil, toutes les peines humaines ; et toutes les mains tendues, tous les câlins, tous les gestes d'affection et de compréhension.

La consolation est fragile et incertaine

Consoler, c'est savoir et accepter que nos paroles ne soulagent qu'imparfaitement la peine ; mais c'est aussi souhaiter que cette peine ne soit pas vécue dans la solitude. La consolation est un acte de présence aimante, même si elle est parfois impuissante.

Au moment où l'on console, on peut ne pas savoir ce que la situation va devenir. Quelquefois, l'incertitude est plus grande et plus belle encore : on peut consoler en étant soi-même dans le malheur. Comme dans ces récits de prisonniers ou de déportés qui se consolent entre eux ; ou comme tout humain plongé dans l'adversité qui s'efforce d'apaiser la détresse d'un proche. Consoler alors qu'on est dans le brouillard et la crainte pour soi-même, c'est sans doute la plus émouvante des consolations : d'un endolori à un endolori, d'un menacé à un menacé, d'un désespéré à un désespéré…

La consolation semble ne rien résoudre

Et ce n'est pas un problème : la consolation n'est pas une aide matérielle, elle ne demande ni force ni pouvoir, nous pouvons la proposer même si nous sommes – ou si nous nous sentons – faibles et démunis. Car au-delà de ses dimensions concrètes (paroles et gestes) elle est également, et surtout, une démarche immatérielle : une présence, une intention, un partage d'humanité.

« Dans l'ordre matériel, on ne peut donner que ce qu'on a ; dans l'ordre spirituel, on peut aussi donner ce qu'on n'a pas[1]… » Ces mots de Gustave Thibon rappellent que la consolation est une démarche dont la puissance est parfois, en grande partie, souterraine et invisible. Et qu'elle relève pour une part de la spiritualité, cette dimension de notre esprit où nous côtoyons les mystères de la vie et de la mort, du bien et du mal… C'est une autre différence avec le réconfort, qui s'en tient plus souvent aux seuls aspects matériels ; pour réconforter quelqu'un, il faut avoir plus de force que lui ; pas pour le consoler.

La consolation est humble, elle sait que son pouvoir est limité

Elle propose, elle murmure, elle ne hausse pas le ton, elle n'est pas une invigoration ; elle est prudente, ne sachant jamais l'étendue exacte des dégâts intérieurs. D'où la douceur et la simplicité de ses paroles.

D'ailleurs, elles ne sont pas les seules à consoler, ces paroles ; finalement, c'est toute l'alchimie du lien et de l'histoire entre consolant et consolé, du moment choisi, et enfin, seulement, des mots choisis, qui entre en jeu… Ces mots doivent être simples, clairs et nets, car la souffrance brouille leur écoute – on ne fait pas de théorie sur la vie à qui est dans la peine –, et dits avec sincérité et compassion. Avec humilité aussi : celui qui console ne le fait pas au nom d'un savoir ou d'une expérience, auxquels il faudrait se soumettre, mais au nom de l'amour ou de la fraternité.

Simplicité, prudence : les qualités discrètes de la consolation

Les certitudes, dans ce domaine, sont malvenues. Dans l'alchimie délicate de la consolation, il faut une tendresse du consolateur et une acceptation du consolé. Il faut de la patience et de l'humilité, des deux côtés. Il faut des doutes, car s'il existe une certitude – certitude de la colère ou du désespoir chez la personne en désolation, certitude qu'il faut effacer la peine chez la personne qui offre son aide et son amour –, alors il n'y aura plus de place pour la consolation. Il faut des brèches, des failles, pour qu'entre la lumière de la consolation. Il faut beaucoup de choses mystérieuses, qui nous échappent, mais dans tous ces brouillards, on doit s'efforcer de consoler les peines, quoi qu'il arrive, parce que l'autre est là, avec son chagrin, immense et intimidant parfois, minuscule et déconcertant, à d'autres moments.

La sincérité est-elle une nécessité de la consolation ?

Autrement dit, doit-on ne jamais prononcer des paroles de consolation auxquelles on ne croit pas ? Pas forcément : il ne s'agit pas d'y croire soi-même mais de croire qu'elles peuvent faire du bien. Ce que cherche à engendrer la consolation, c'est l'espoir, c'est que le consolé s'écarte des certitudes du chagrin et de la douleur, pour envisager, seulement envisager, que continuer vaut la peine. La consolation cherche à restaurer un peu d'espérance, espérance d'on ne sait quoi, mais espérance qui allège la peine. L'espérance est la confiance des faibles et des démunis, comme nous le sommes lorsque nous errons dans la désolation, la confiance de ceux qui n'ont plus de force ni de puissance sur lesquelles s'appuyer pour réparer le passé ou construire le futur.

Pour consoler, la sincérité que nous mobiliserons sera celle de l'intention, et non celle de la certitude. Ainsi, nous sommes parfois amenés à dire à un humain qui va mourir ce qu'il souhaite entendre : qu'il va s'en sortir, que la vie va revenir en lui, que bientôt, peut-être, nous allons revivre et rire ensemble comme avant. Ce n'est pas mal faire : c'est mettre de l'amour dans une situation de désolation ; nous ne pouvons ni souffrir ni mourir à sa place, mais nous pouvons l'accompagner de notre mieux. Ce n'est pas un mensonge, mais un désir fou et irréalisable. Il y a de tels moments beaux et tragiques dans la consolation.

Plus la peine est grande, plus la consolation met de temps à trouver son chemin

Parfois, c'est seulement des années après que l'on repense à une parole, un geste, qui nous a consolés et remis en route. Parfois encore, certains des mots consolateurs fonctionnent comme des mantras, ces formules courtes et simples destinées à nous protéger ou à nous aider, et que l'on se répète pour s'en imprégner.

Je me souviens de patients me racontant comment mes paroles de consolation, souvent prononcées sur le pas de la porte avant de les quitter, leur avaient servi de viatique pour traverser les turbulences, comme une amulette au pouvoir magique permet d'affronter l'adversité. J'avais remarqué que ces phrases consolantes étaient rarement des conseils techniques, mais plus fréquemment des mots de réconfort, banals, que n'importe qui aurait pu leur dire ; mais, formulés au bon moment, avec simplicité et sincérité, ils avaient un effet bien plus grand qu'eux.

Il y a quatre phases dans la vie d'une parole consolante :

- Celle où elle est dite et entendue ;
- Celle où elle est pensée et repensée ;
- Celle où elle disparaît de la conscience de la personne consolée, mais continue son chemin réparateur et bienfaisant ;
- Celle enfin où elle s'est déposée tout au fond de la mémoire des consolés, dans le coffre aux trésors des souvenirs et des ressources, qui confirment – lorsqu'on en doute – que la vie vaut la peine et que l'adversité peut être traversée.

Au début, l'effet de la consolation est parfois dérisoire

Et la consolation semble une pauvre distraction ; cela marche un peu, un certain temps, puis il y a un lent retour de la tristesse et de la détresse, un inexorable sentiment d'inconsolabilité. Au début, la peine l'emporte toujours, revient toujours, traînant derrière elle le découragement. C'est pour cela que la consolation gagne à ne pas être un acte de soutien ponctuel, mais un accompagnement dans la durée. On sait que les endeuillés, très entourés dans les premiers temps, se retrouvent souvent trop seuls ensuite ; les autres, les consolateurs précoces, ont commencé à les oublier, eux et leur peine. C'est normal, chacun est appelé par sa propre vie ; mais le besoin de consolation est toujours là.

Dans son bel essai *L'Inconsolable*, le philosophe André Comte-Sponville écrit ceci : « Philosophie de la consolation, toujours nécessaire et toujours insuffisante[2]... » Voilà, c'est exactement ça : sans la consolation, la peine nous submerge ; avec la consolation, la peine est toujours là, mais elle ne nous submerge pas, on sent qu'on va peut-être tenir le coup.

La consolation n'est pas une réparation magique, elle est comme une lumière qui s'invite dans l'obscurité et qui nous permet d'apercevoir les formes encore floues d'un monde à venir qui serait vivable, simplement vivable.

Et deux fois le printemps l'a repeinte de fleurs

Depuis que tu n'es plus, la campagne déserte
A dessous deux hivers perdu sa robe verte,
Et deux fois le printemps l'a repeinte de fleurs,
Sans que d'aucun discours sa douleur se console,
Et que ni la raison ni le temps qui s'envole,
Puisse tarir ses pleurs.

Malherbe, « Aux ombres de Damon[3] »

2
DÉSOLATIONS

Quand nous sommes de tout petits enfants, nous vivons nos chagrins dans l'instant : intenses, absolus et vite consolés.

En grandissant un peu, nous faisons l'expérience de chagrins durables, de peines intériorisées, mais nous sommes encore des enfants : même blessés, confrontés aux échecs et aux rejets, aux injustices et aux adversités, nous sommes vite consolés par la vie et par ses joies.

Puis nous quittons l'enfance, nous parvenons à l'adolescence et découvrons peu à peu ce que sont les chagrins d'adultes, les blessures de l'ego et celles des idéaux, mais sans disposer encore de toutes les ressources psychiques pour les affronter : souffrances garanties.

Enfin, nous découvrons l'irrémédiable : ce qui n'a pas de remèdes, et n'appelle que des consolations. Ce sera le travail de toute notre vie : face à une infinité de désolations possibles, il nous faudra, pour leur résister, rester sensibles à une autre infinité, celle des moments de bonheur, et savoir accueillir en nous une troisième infinité, celle des consolations, pour nous relever à chaque fois que nous aurons trébuché…

Les trois inévitables de la condition humaine

C'est souvent compliqué de parler du bonheur : pour beaucoup, c'est un sujet un peu fleur bleue, voire niaiseux, et sa quête, un confort de privilégiés. Pour moi qui suis psychiatre, cela n'a jamais été le cas : passer ma vie professionnelle aux côtés de personnes malheureuses m'a convaincu que se rapprocher du bonheur était une bonne et intelligente idée.

Lorsque je donne des cours ou des conférences sur la psychologie positive, afin d'expliquer pourquoi nous avons besoin du bonheur, je commence souvent ainsi : « Nous allons souffrir, vieillir puis mourir. Il en sera de même pour celles et ceux que nous aimons, ils vont souffrir, vieillir puis mourir. Voilà, c'est ça, la vie ! » Et je me tais. Silence inquiet dans la salle : « Nous sommes-nous trompés de conférence ? »

Puis je m'explique… « C'est ça, la vie, impossible de le contester ; mais heureusement, ce n'est pas *que* cela. Car la vie, c'est aussi le bonheur, tous les moments de bonheur qui vont nous soulager, nous consoler, nous emballer, nous aider à comprendre que malgré les souffrances, le passage du temps, la perspective de notre disparition, la vie est belle, que la traverser est une grâce, et l'avoir vécue, une chance. »

Le bonheur, sous toutes ses formes, nous aide à affronter ce que la vie a de difficile, ce que j'appelle les « trois inévitables » d'une existence humaine : souffrance, vieillissement et mort. Ces trois inévitables font que nous sommes, nous les humains, une « communauté des âmes en peine[1] ».

Même si notre vie est belle, même si nous disposons d'une bonne santé et si nous vivons dans un pays en paix, ces trois inévitables croiseront tôt ou tard notre chemin et nous feront éprouver le besoin de la consolation...

Consolation parce que nous allons souffrir

Le plus souvent, pour la plupart d'entre nous, nous n'avons pas à affronter de grandes souffrances. Cependant, les petites difficultés peuvent elles aussi se montrer déstabilisantes et prendre dans notre esprit une ampleur insoupçonnable vues de l'extérieur, parce qu'elles semblent incessantes. On peut alors serrer les dents, chercher des solutions, des aides, et parfois, pourquoi pas, avoir recours à des médicaments et des traitements. Mais, même avec ces soutiens venus de l'extérieur, il y aura souvent un « reste à charge » de ces adversités, à payer de notre personne.

Les grands pourvoyeurs de souffrances et de désolations restent cependant les maladies et les handicaps. Quiconque est ressorti d'une consultation où on lui a annoncé – pour lui-même ou un proche aimé – une maladie grave, mortelle, dégénérative, incurable, a vécu ces moments étranges de solitude : on marche dans la rue mais on n'est plus comme les autres que l'on croise ; eux sont encore dans le monde des vivants et des insouciants, nous sommes déjà du côté de ceux qui vont souffrir, de ceux qui vont mourir.

Lorsqu'elle est chronique, la maladie sévère conduit à vivre sous la menace des signes d'aggravation, des rechutes possibles, et transforme tout examen médical « de contrôle » en loterie de vie ou de mort. Elle impose un combat constant pour la légèreté et la liberté : ne pas y penser chaque jour, ne pas s'ausculter chaque jour, ne pas chaque jour se comparer aux autres, aux bien-portants, qui semblent ne même pas connaître ni comprendre la chance immense qui est la leur.

La maladie impose aussi parfois un combat contre les faux espoirs : contre l'envie de se croire guéri, souvent suivie de la déception d'un retour des symptômes ou d'une confirmation par les examens médicaux que, non, le mal est toujours là, même silencieux, le mal et sa condamnation à une vie d'efforts et d'inquiétudes. Quelquefois la maladie débouche sur un handicap, une perte, qui contraignent à vivre avec des limites sans cesse rappelées, et à lutter, là encore, avec la tentation constante de la comparaison (avec le passé, avec les autres).

Pour tout cela, les malades ont besoin de consolations sur le temps long, dans la durée. L'oubli et le déni ne suffiront pas, les jours où l'évidence ne pourra être chassée : nous aurons à développer doucement une culture des microconsolations, au jour le jour, et à nous adonner de notre mieux à la philosophie simple du « un jour après l'autre ». Une seule journée difficile est à la mesure de nos forces, pas la perspective d'une dizaine ou d'une centaine ou d'une éternité de jours de souffrances ou d'entraves ; car, finalement, les moments de notre vie où émerge, pour le meilleur et pour le pire, le sentiment d'éternité, ce sont les grands bonheurs et les grandes souffrances. « Un jour après l'autre », c'est à la fois une philosophie de l'action (« Je me concentre sur ce que je peux faire ici et maintenant ») et une philosophie de l'espérance (« Nul ne sait quel bien viendra demain »). L'espérance est consolante en ce qu'elle libère notre regard de l'anticipation des ennuis à venir, et le rend disponible au bonheur du moment. J'ignore qui a écrit la maxime « Prenez soin des heures, les jours prendront soin d'eux-mêmes », mais elle rejoint notre propos : présence à cet instant, confiance pour les suivants...

Consolations de l'aube

Quiconque a fait l'expérience d'une maladie grave sait à quel point la nuit est angoissante. Comme les actions et interactions y sont raréfiées ou suspendues, la souffrance et l'inquiétude prennent toute la place dans l'esprit de la personne malade. On n'ose pas toujours appeler au secours ; et parfois, si l'on est seul chez soi, il n'y a pas de soutien disponible ; alors on attend l'aube, et le soulagement de voir le jour arriver, apportant avec lui son lot de microconsolations, de présences humaines, de soins, de sourires, de mots simples échangés. Je me souviens d'un ami hospitalisé me racontant comment il prenait plaisir au petit matin à réentendre les paroles prononcées à voix haute dans les couloirs par les soignants, à observer les passants dans la rue depuis sa fenêtre : « Je savais bien que ma maladie était toujours là, que la souffrance allait continuer, que le retour du jour n'allait pas annuler mes ennuis, mais je ne me sentais plus seul au monde : avec l'aube revenaient le mouvement et le bruit de la vie, qui me consolaient mieux que l'immobilité et le silence de la nuit. » À l'image de la belle parole de Goethe, dans Faust : « Pour guérir, prends confiance dans le jour ressuscité[2]... »

Consolation parce que nous allons vieillir

Vieillir : avoir plus de souvenirs et de regrets que d'avenir et de projets... Avec un corps qui ressemble de plus en plus à un vieux bateau, de plus en plus émouvant par les histoires qu'il raconte, mais de plus en plus fragile aussi, à force de réparations et de ravaudages, à force de tempêtes affrontées ou simplement de temps passé à naviguer. Nécessité alors d'en prendre soin, de ne plus se lancer dans de trop longues traversées, d'en connaître les limites ; et de ne jamais le laisser s'immobiliser, se délabrer au port ou en cale sèche, tout irait alors très vite...

Nombreuses sont les visions et déclarations sinistres sur le vieillissement. Ainsi, l'angoissante vision de Gustave Thibon : « Extrême vieillesse : marécage à traverser entre la vie qui n'est déjà plus la vie et la mort qui n'est pas encore l'éternité : une durée stagnante et veuve de tout devenir[3]. » Mais il y a aussi des regards consolateurs et souriants, comme ce mot d'esprit, attribué à Woody Allen : « Vieillir, c'est tout de même le meilleur moyen qu'on ait trouvé jusqu'à présent pour ne pas mourir. »

Ce qui me rappelle cette question qu'une lectrice me posa un jour lors d'une dédicace : « Comment ça s'appelle ce sentiment d'être un jeune dans un corps de vieux ? » Et moi, qui connais ce ressenti par cœur, comme je crois l'ensemble des humains, de lui répondre : « Ça s'appelle une chance ! Et c'est bien mieux que de se sentir déjà vieux, alors qu'on a encore un corps de jeune ! »

Mais vieillir n'est pas vraiment une chance, c'est juste une série, plus ou moins rapide et visible, de pertes en tous genres. Inutile de se contraindre à en dire du bien pour se réconforter ! Contentons-nous de l'accepter le plus sereinement possible, en nous rappelant que prendre de l'âge nous a permis de vivre de belles choses, et en espérant qu'il nous en reste encore un peu à découvrir !

Continuer d'être en vie : je ne connais pas de plus belle consolation à la tristesse (douce ou déchirante) de vieillir. Et pour revenir à notre formule du début, le vieillissement heureux consiste sans doute à abandonner ses regrets, conserver des projets, chérir ses souvenirs et ne plus s'inquiéter de son avenir ; juste l'écrire de son mieux.

Toute la grâce qui reste en toi

C'est une femme et un homme qui se sont aimés quand ils étaient plus jeunes. La vie les a séparés, mais ils s'envoient encore, de temps en temps, de petits messages affectueux, ils se soutiennent quand leur vie est dure. Un jour, elle lui écrit ceci : « Hier, j'ai croisé dans la rue un vieux monsieur très beau, il avançait avec précaution, mais bien droit, le regard haut, et il émanait de lui de la fragilité, mais aussi une espèce de sérénité et d'assurance à la fois. J'ai tout de suite pensé à toi et je me suis dit que tu lui ressemblerais, quand tu serais, un jour, aussi âgé que lui. J'étais très émue de songer au passage du temps sur nos visages, nos corps. Et réconfortée de voir que la beauté peut survivre aux années, une vraie beauté. Souvent on parle de la beauté des personnes âgées avec un peu de complaisance et de mensonge. Mais elle existe. J'ai ce sentiment lorsque je te revois, de loin en loin. Ce sentiment que nous vieillissons, mais que quelque chose de l'ordre de la grâce demeure. »

Consolation parce que nous allons mourir

C'est drôle de se dire que, parfois, nous allons devoir nous consoler d'être vivants, tout simplement. Car être vivant, c'est être mortel. Et être humain, c'est savoir, très tôt, qu'on est mortel, et y penser souvent, ou tout le temps. De l'obsolescence programmée des humains, par Dieu ou la nature, nous devons être consolés…

Nous en parlions un peu plus haut : la vie, c'est naître, souffrir, mourir. Nous ne choisissons aucun de ces trois événements. Nous savons juste, une fois devenus conscients de nous-mêmes, que nous allons souffrir et mourir. Il nous reste à nous débrouiller avec ça ! Du coup, il n'est pas étonnant que nous ayons si souvent la tentation de la désolation, même dans le bonheur. Comme dans ce poème de Marie Noël :

« Fuis ! Le bonheur n'est qu'une peine qui commence.
Quand il passe ici-bas, c'est elle qu'il conduit.
Dès qu'avril fait un pas, l'hiver au loin s'avance ;
La vie ouvre à la mort, l'aube amène la nuit[4]. »

Ces oscillations de l'âme nous accompagnent tout au long de notre vie : tentation du bonheur, puis conscience de sa fragilité ; tentation de la désolation, puis conscience de son absurdité ; alors, recherche de la consolation. Finalement, c'est pour cela que vivre nécessite des microconsolations permanentes et parfois préventives. La beauté et la bonté des moments simples de notre existence en sont le grain à moudre. C'est pourquoi nous aurons toujours à faire le léger effort de nous laisser réconforter par la douceur du monde, pour traverser toutes les tristesses prêtes à émerger en nous.

Et c'est pourquoi, aussi, le réconfort si universel de l'immersion dans la nature n'est pas seulement une fuite devant les complications de la vie, mais la consolation profonde qu'apporte un retour aux racines et à l'essentiel, à la simplicité absolue et invincible de se sentir vivant. Voilà ce qu'écrit à ce propos la même Marie Noël, et qui nous console, comme cela a dû la consoler :

« J'ai vécu sans le savoir
Comme l'herbe pousse
Le matin, le jour, le soir
Tournaient sur la mousse[5]. »

Désolations du deuil

« À l'égard de toutes choses il est possible de se procurer la sécurité ; mais à cause de la mort, nous, les humains, habitons une cité sans murailles[6]... » Ces mots sont du philosophe Épicure, qui contrairement à l'idée reçue n'enseignait pas tant l'art de se faire plaisir que celui de bien vivre face à la douleur et à la mort. Il y a la menace de notre propre mort, bien sûr, mais nous allons parler ici de la mort des autres, et de ce qui peut, parfois, nous en consoler.

Vivre c'est perdre. Et vivre longtemps, c'est être assuré de perdre souvent : traverser de nombreux deuils, voir partir quantité de personnes de notre entourage, de proches, de connaissances, de célébrités. Beaucoup de deuils dans une vie. Et donc, beaucoup de chagrins et de tristesses, de désolations qui déchirent notre existence en deux : il y aura un avant et un après. On raccommodera peut-être la déchirure, les autres ne la remarqueront sans doute même pas, à l'avenir. Mais pour nous, elle sera toujours là.

Il y a des décès presque furtifs, ceux de voisins de palier, de quartier ; la mort est venue toquer à la porte d'à côté, ce n'est pas nous qu'elle a emmené ; pour cette fois, en tout cas. Ou les décès d'anonymes, que l'on devine au glas qui sonne à l'église voisine, à ces rassemblements devant un lieu de culte, au passage d'un corbillard. Tout cela est normal, mais tout cela nous ébranle.

Il y a la mort d'amis, témoins des jours anciens, la mort de stars, témoins de notre jeunesse : chagrins qui nous vieillissent mais auxquels on survit ; simplement, nos souvenirs épars commencent à s'agréger en une histoire dont on entrevoit petit à petit la fin, et à peser peu à peu plus lourd que nos projets.

Nous aurons à affronter aussi bien d'autres morts, et plus douloureuses encore : celles d'un conjoint, d'un parent, d'un grand-parent, d'un proche. À chaque fois, c'est tout un pan de notre vie qui s'effondre et disparaît, et avec lui la fragile illusion non pas de l'immortalité mais de la durée (les humains se savent mortels mais s'espèrent durables).

Et puis il y a le sommet de la douleur, la mort d'un enfant : onde de choc inconcevable et impensable. Lorsque le chagrin du deuil est immense, lorsqu'un très proche et très aimé est mort, alors peut survenir la tentation du néant comme solution à la désolation : « Ça ressemble à la fin du monde. Pas du monde entier, malheureusement. Ce serait bien, pourtant, la fin du monde. Pas besoin d'ouvrir les yeux, de relancer les battements du cœur, de se relever[7]... » La consolation semble alors impossible. Touchés par le désespoir, les endeuillés se sentent inconsolables, et veulent souvent le rester, par fidélité. Ils ne peuvent se remettre de leur chagrin : en guérir, ce serait trahir.

Que faire ? La consolation ressemble alors à un patient travail pour désincarcérer la personne endeuillée de sa peine, l'exfiltrer de sa douleur. Existe-t-il, comme en médecine pour les mourants, un « protocole compassionnel » de la consolation ? Juste rester là, soulager la part de souffrance qui est accessible, par la distraction, entraver le pire, empêcher l'aggravation ou le suicide, et espérer que quelque chose advienne. Dans ces soins palliatifs de la compassion, il s'agit de ne pas se dérober face à une mission impossible, comme celle de consoler des parents qui ont perdu un enfant ; ou qui vont le perdre d'une maladie incurable. Car la mort certaine et à venir est parfois pour eux une épreuve pire encore, une longue et lente explosion de souffrance, ou de colère, ou d'incompréhension, et un long et lent exercice d'autocontrôle.

« Surtout ne pas regarder les autres enfants comme des chanceux ; même les sales gosses capricieux ; surtout eux, ils n'y sont pour rien, comme tous les gamins. » À ces parents ultrafragiles, on ne peut bien sûr que proposer sa présence et ses mots, jamais les imposer. C'est ce que raconte Anne-Dauphine Julliand, alors qu'elle est au chevet d'une de ses deux filles, qu'elle sait condamnée ; une infirmière s'approche, et lui dit simplement : « Je suis là. » Trois mots des plus simples, qu'elle aurait pu même ne pas dire ; puis, sans rien faire d'autre, elle reste à côté d'elle, sans parler[8].

Face aux endeuillés, la consolation ne vise jamais à supprimer la peine, mais à la rendre supportable, à faire en sorte qu'elle ne leur ôte pas complètement l'envie de vivre. On ne dit pas à un endeuillé « ne pleure pas » mais « pleure et va jusqu'au bout de tes larmes, je reste là, avec toi ».

Transformer la peine en héritage

C'est une de mes filles qui me parle de la mort de son grand-père (mon père), me disant qu'elle restera à jamais inconsolable, qu'elle ne voit pas en quoi peut consister la consolation quand quelqu'un qu'on aime meurt : « Chaque fois qu'on parle de lui, j'ai les larmes aux yeux. » J'essaye de lui expliquer qu'il ne s'agit pas de ne plus avoir de peine, mais qu'il importe de ne pas se laisser enfermer dans cette peine, lorsque revient le souvenir de la personne disparue ; de l'accepter, sans s'y arrêter et sans la fuir, et de continuer au-delà d'elle ;

de traverser le rideau de la tristesse, et d'aller vers les souvenirs heureux, en se rappelant tout ce que le défunt nous a offert, transmis, légué. Transformer la peine en héritage. Chaque fois que mes filles me parlent de leur chagrin à la mort de ce grand-père qu'elles aimaient beaucoup, je vois la tristesse et la joie mêlées: il leur laisse des centaines de souvenirs heureux, c'est-à-dire un trésor pour le reste de leur vie. La consolation n'annule jamais la peine, elle lui ajoute du bonheur, de la douceur…

Dès qu'ils sentent le moment venu, les thérapeutes expérimentés n'hésitent pas à faire parler les endeuillés de la personne disparue, longuement. Mon confrère et ami Christophe Fauré le fait de manière apparemment déstabilisante, en posant une question étrange: « Qui avez-vous perdu[9] ? » Sursaut des patients: « Mais enfin, vous le savez bien, je vous l'ai déjà dit: ma fille (ou mon mari, mon père, etc.) ! » Puis il explique: « Je sais bien, mais quand je dis "qui" c'est "qui était cette personne, ses qualités, ses zones d'ombre ? Comment était votre relation ?" Oui, racontez-moi *vraiment* qui vous avez perdu… » Tout ce travail de mise en mots fait émerger beaucoup d'émotions et de souffrances, mais il conduit aussi, peu à peu, à beaucoup de pacification; nous en reparlerons.

Violence et folie du monde

Un mendiant handicapé, un aveugle qui se cogne à un obstacle dans la rue, un chien qui boite : « Ça me fait trop de peine », disent alors les enfants, naturellement attristés par la souffrance des êtres vivants, humains ou animaux. Puis, le temps passant, ils apprennent à se blinder. Ils apprennent à regarder ailleurs ou à penser à autre chose, pour ne pas être sans cesse déstabilisés par les malheurs croisés en chemin. Mais quand ils sont petits, ils ne savent pas détourner le regard ou se taire, et prononcent les mots de surprise et de compassion qui nous dérangent, perturbant notre confort de sourds et d'aveugles, d'économes de nos émotions douloureuses. Ils nous rappellent au réel et à la vérité.

La vie est souvent dure et le monde, injuste et fou : c'est un truisme, une vérité si évidente qu'il semble inutile de la dire. Mais, même invisibilisée par notre esprit, cette vérité a sur nous un impact constant et puissant. Autant la dire, la nommer, pour ne pas l'oublier et savoir que faire.

C'est dans ce « que faire ? » justement que réside la difficulté. Il faut agir, si on le peut, bien sûr. Et certains, les militants, les humanitaires, choisissent d'y consacrer leur vie. Mais même en agissant, tout n'est jamais réglé, il restera toujours de la souffrance, de la violence et de l'injustice.

Face à la violence du monde, et en plus de l'action, nous avons besoin de consolation : nous avons besoin de consoler les personnes blessées, et d'être nous-mêmes consolés lorsque notre tour viendra.

Parmi les ressentis de la désolation, il y a la tristesse, cette émotion qui nous replie sur nous et qui nous détourne du lien et de l'action. Mais il n'y a pas que les attristés : il y a aussi les apeurés, à rassurer ; les révoltés, à apaiser ; les honteux, à réconforter ; les envieux, à éclairer... Et quelque chose de l'ordre de la consolation, à chaque fois. Parce que, après l'onde de toute émotion douloureuse, il y a un sillage de détresse : les choses sont si loin de ce qu'elles devraient être, et nous sommes si fragiles et si impuissants...

La consolation peut alors nous redonner l'énergie d'agir : on porte son regard sur ce qui marche, sur ce qui va bien, et cela allège parfois le malheur. Cela l'atténue mais ne le supprime pas. Nos existences avancent ainsi, claudications du malheur et galopades du bonheur. Et la vie ne fait pas de moyenne : un drame d'un côté et une grâce de l'autre, cela ne fait pas une vie « en moyenne acceptable », mais une vie tout court. Si mes pieds sont dans le four, et ma tête dans le congélateur, en moyenne je ne suis pas à la bonne température, mais j'ai deux problèmes à régler. La vie est comme ça, désolations et consolations ne se neutralisent pas, mais se heurtent puis se succèdent.

Et puis il y a la consolation de l'invisible, auquel il faut croire quand on n'est pas très en forme : tout ce qu'on ne voit pas, tout ce qu'on ne sait pas, mais qui fait pourtant que le monde reste vivable, et même beau... Au générique du film *Une vie cachée*[10], qui raconte la vie et la mort d'un simple paysan autrichien en lutte contre le nazisme, figure cette phrase : « Si les choses ne vont pas aussi mal pour vous et pour moi qu'elles eussent pu aller, remercions-en pour une grande part ceux qui vécurent fidèlement une vie cachée et qui reposent dans des tombes que personne ne visite plus[11]. »

Quand ce que nous voyons nous désole, n'oublions pas qu'il y a plus de choses encore que nous ne voyons pas, et que beaucoup d'entre elles sont belles. Non pas pour compenser, pour équilibrer, pour annuler. L'horreur, la misère, l'injustice, en un endroit du monde, ne sont jamais blanchies, compensées, effacées par la joie, la beauté, la pureté en un autre endroit. Mais ces dernières nous aident à ne pas sombrer dans l'amertume ou le désespoir de la désolation absolue. Et nous montrent vers quoi conduire nos efforts. Et à quoi peut, aussi, ressembler la vie.

Il y a toujours pire...

Lors de la pandémie de Covid, au début des années 2020, la plupart des pays occidentaux procédèrent à des mesures de confinement assez strictes de leur population, le temps que des vaccins soient mis au point. Ce qui permit de freiner l'épidémie, et fut donc médicalement favorable, notamment pour les plus fragiles : les personnes âgées. Mais le confinement fut psychologiquement défavorable aux plus jeunes, qui se trouvèrent privés de scolarité, d'activités sportives, de socialisation, et de ce fait, livrés aux écrans, au désœuvrement et à l'ennui. On observa chez eux une forte augmentation des troubles mentaux (dépression, anxiété, tentatives de suicide, consommation de substances[12]...).

Nombre d'experts et de commentateurs parlèrent alors de « génération sacrifiée », suggérant qu'on n'avait pas assez pris en compte les besoins psychologiques des jeunes, par rapport aux (légitimes) besoins médicaux des personnes âgées. Ce qui provoqua un débat, car pour certains, le terme « génération sacrifiée » était exagéré et devait être réservé aux jeunes gens ayant subi des violences et des privations extrêmes, par exemple durant les deux guerres mondiales, ou dans les innombrables conflits actuellement en cours sur la planète.

Le raisonnement est juste, dans l'absolu, et quelle que soit la désolation que l'on traverse, il peut toujours exister pire. Mais alors, que faire ? Dire qu'il n'y a pas lieu de se désoler, et donc pas lieu de consoler et d'agir ? Ou bien admettre que le cerveau humain ne fonctionne pas ainsi : nous ne réagissons pas à un problème en jugeant de sa gravité dans l'absolu, mais de manière relative. Si je vis dans une société où chauffage central et eau chaude sont accessibles au plus grand nombre, le fait d'en être privé par une panne, ou de savoir que des personnes en sont privées à cause de la précarité, peut me désoler. Pourtant, si je me compare avec les humains du passé et la plupart de ceux d'aujourd'hui sur la planète, chauffage et eau chaude sont des luxes dont je pourrais évidemment me passer sans me plaindre.

Il y a certes des *absolus* de la désolation : la mort, la violence, la misère. Et puis il y a des *relatifs* : toutes les adversités ordinaires, tous les ennuis du quotidien. Ces adversités relatives peuvent nous affecter aussi, bien plus que nous ne le voudrions nous-mêmes. Elles ne doivent pas nous écarter de la consolation, simplement nous encourager à une relative mesure : il est souhaitable d'exprimer son chagrin et de demander de l'aide sans dramatiser, et de consoler sans en rajouter.

Adversités ordinaires

Il est des adversités discrètes, sans blessures, sans séquelles visibles, qui n'affectent pas, ou pas directement, ou pas immédiatement, notre santé et celle de nos proches ou des autres : elles sont les infortunes auxquelles on survit, intact au-dehors, mais secoué au-dedans...

Il n'y a pas mort d'homme, mais ça fait mal...

D'autres épreuves peuvent être violentes. D'ordre matériel : maison incendiée, cambriolage... Ou d'ordre relationnel : violences subies, humiliations, agressions, conflits familiaux, divorces, infidélités et séparations conjugales, chagrins d'amour, placements en EHPAD ou en maisons de retraite de parents âgés... Il y a aussi les blessures professionnelles : échecs, licenciements, chômage...

Dans ces moments-là, on éprouve une évidence de la désolation, même si, comme on dit « il n'y a pas mort d'homme » : le bonheur s'éloigne, il devient une perspective ou une idée lointaine. C'est ce que me disait une consœur médecin, en instance de divorce douloureux et conflictuel : « On ne sait jamais trop si on est heureux ou juste tranquille ; mais malheureux, ça, on n'hésite jamais. » Le cœur brisé n'est pas le simple contraire du cœur léger ; le second ne fait qu'embellir notre vie, là où le premier semble lui porter un coup fatal.

Cependant, si ces adversités ordinaires sont compliquées, c'est aussi parce qu'on souffre de quelque chose qui ne se voit pas, ou dont les autres prennent mal la mesure : on porte la peine d'une multitude de petits deuils journaliers, de mille et un détails, invisibles aux autres, qui nous rappellent qu'on est privé d'un point d'appui de notre vie. C'est le cas lorsqu'on perd un chien ou un chat : la peine est comme un iceberg, dont la part enfouie est plus grande que les autres ne le perçoivent. Et un peu inavouable : comment manifester un besoin de consolation à la mort d'un animal qui a connu une vie heureuse, quand des humains meurent sans cesse, après des vies de misère ?

En apparence, rien de grave...

Et puis il y a des adversités légères en apparence : un échec à un examen chez un étudiant, une rupture sentimentale chez un adolescent. Vues de l'extérieur ce sont de simples déceptions. Mais qui sait quelles cicatrices elles peuvent laisser ? Ou quelles plaies elles peuvent rouvrir ? Quand, en réaction à ces écorchures du réel, nous observons des mouvements de désolation qui semblent disproportionnés, ne jugeons pas : c'est qu'il y a sans doute eu d'autres blessures dans le passé, que l'épreuve ne fait que réveiller. Il importe aussi de réconforter pour éviter les blessures futures : parce que la douleur d'un échec inconsolé peut devenir la matrice d'une peur de l'action, de crainte que l'échec ne se répète ; parce qu'une rupture sentimentale qui paraît banale peut annoncer une difficulté prolongée à aimer ensuite dans la sécurité.

Le rôle de la consolation est alors non pas de réparer ce qui est brisé, mais d'aider à affronter les épreuves ultérieures et les incertitudes à venir. Pour bien consoler, il s'agit de ne pas juger si la désolation est légitime, mais de simplement s'efforcer de soulager qui soupire, pleure ou demande de l'aide. Même lors de ce qui ressemble à de petits chagrins : on ne sait jamais tout du passé d'une personne qui pleure...

La tourbe des menus maux

Quand Montaigne parle de « la tourbe des menus maux[13] », il désigne ce sentiment d'avoir sans cesse à affronter des vagues d'ennuis et de complications. C'est une sensation fréquente chez les personnes déprimées, qui, par leur anhédonie – à savoir l'incapacité à ressentir le plaisir –, sont privées de la force et de l'élan vital que procure le bonheur.

Mais il arrive aussi, à certains moments de notre vie, que les responsabilités et les adversités se bousculent. Montaigne décrit bien le phénomène de sensibilisation qui peut alors survenir, comme dans les allergies : « Les plus menus et grêles empêchements, sont les plus perçants. Et comme les petites lettres offensent et lassent plus les yeux, aussi nous piquent plus les petites affaires. La tourbe des menus maux offense plus que violence d'un, pour grand qu'il soit. À mesure que ces épines domestiques sont drues et déliées, elles nous mordent plus aigu, et sans menace, nous surprenant facilement à l'improviste. » Et quelques lignes plus loin, il a cette magnifique remarque : « C'est chose tendre que la vie, et aisée à troubler. »

Tristesse d'un soir d'été

Un soir d'été, dans le train qui me conduit du Pays basque à Toulouse. Douce et dorée, la lumière du soir se répand sur toutes les nuances de vert que déroulent les arbres et les prairies. Les Pyrénées apparaissent au loin, avec le défilé grandiose de leurs sommets gris teintés de rose. Conscience que la mort viendra et me privera un jour de ces instants. Mais bizarrement, aucune inquiétude, juste une tristesse légère, un simple voile.

Je pourrais le dissoudre (ce n'est pas toujours si facile, mais là je pourrais…) en souriant, en appelant quelqu'un que j'aime au téléphone (sans lui dire que j'ai besoin d'être consolé mais simplement entendre sa voix me ferait du bien), en tournant mon attention vers des moments agréables que je viens de vivre ou qui sont à venir. Mais non, je décide de laisser flotter en moi cette petite tristesse faible, sans menace et sans malice. Elle embellit cet instant, le rend plus grave, plus profond, plus dense. Elle le rend meilleur et plus fort. Je n'ai pas besoin d'être consolé de grand-chose en ce moment : juste d'un peu de fatigue, d'un peu de maladie et des incertitudes banales de la vie, de toute vie qui dure et persiste.

Je me sens mortel, vraiment, profondément, pas juste intellectuellement ; c'est un sentiment calme et intense, un ressenti total, qui ressemble à une certitude, pas à une pensée… Je suis en paix, pourtant. Est-ce lié au mouvement du train, au défilement du ciel et des paysages, qui m'apaise doucement, comme une berceuse existentielle ? À la lumière du soir et à son goût d'éternité ?

À ce moment-là, je touche à l'essence de ce qu'est la consolation : rien n'est résolu, mais se trouver dans les bras du présent nous apaise et nous suffit.

Le loyer de la vie

La continuité de ces micro-adversités, c'est ce qu'on nomme les « épreuves de la vie ». Elles n'ont rien de scandaleux ni d'anormal ; on devrait même s'y attendre, compter avec elles, comme on compte avec les imprévus du parcours vers la gare ou l'aéroport lorsqu'on doit prendre un train ou un avion.

La plus simple et la plus utile des sagesses existentielles consiste, nous l'avons dit, à considérer l'adversité comme le loyer de la vie, et à consentir au réel, même si ce réel est celui de l'inconfort et de la souffrance. Elle peut reposer sur de petits mantras à l'ambition réduite : « Ça t'agace, mais c'est normal » ; « Ne te plains pas, agis, souris, et attends que ça passe… » Ces paroles que l'on s'adresse à soi-même sont-elles des paroles de consolation ? D'une certaine façon oui, me semble-t-il ; elles nous encouragent à ne pas glisser de la peine à la plainte, en nous chuchotant : « Tu n'es pas seul à vivre ça, ce n'est pas un drame, tu vas t'en sortir, et tu oublieras tout ça ; tu le sais bien, n'est-ce pas ? »

À certains moments des thérapies cognitives, le thérapeute demande ainsi à son patient stressé de procéder à un exercice simple : hiérarchiser ses sources de peine, de soucis et d'inquiétude, en leur attribuant une note de 0 à 100 sur l'échelle de l'adversité. Sur cette échelle, la note 100 correspond à l'adversité absolue : la mort d'un enfant ; les notes de 1 à 10, à l'adversité mineure : casser un objet courant. Se contraindre à cette étrange arithmétique permet le plus souvent de recalibrer l'intensité de sa peine et de la rabaisser un peu.

Autre exercice de même nature : imaginer l'impact d'une contrariété, qui nous semble majeure au présent, mais dans un mois, un an, voire sur notre lit de mort. La jugerons-nous aussi terrible ? Cet « exercice du lit de mort » d'abord nous calme ; puis nous fait réfléchir ; et à la fin, parfois, nous console…

Chagrins sans raison

Les états de cafard, de spleen et de tristesse inexpliqués sont plus difficiles à consoler qu'il n'y paraît. Deux attitudes sont souvent retrouvées : attendre que ça passe en se lançant dans l'action et en espérant que la vie mettra sur notre chemin des réconforts inespérés ; ou bien se dire qu'il n'y a jamais de chagrin sans raison. Et se demander si ce *rien* sans source, dont on ne peut être consolé, n'est pas le chagrin d'une vie où il n'y a rien, non plus, qui nous réjouisse, une vie grise, sans tracas mais sans joies, une vie où émerge lentement la souffrance du matérialisme et de l'utilitarisme, de l'absence d'idéaux et de spiritualité ? Une vie où trop de temps est passé à faire ses comptes et ses courses, et pas assez à regarder les étoiles briller ou l'herbe pousser…

Il me semble que cela existe, ces mélancolies, ces tristesses qui n'en finissent pas d'habiter certaines âmes en peine et qui peuvent à la fin peser plus lourd sur un destin qu'un deuil, grande douleur qui, au moins, laisse la porte ouverte à une consolation et à une renaissance. Alors que les lents étouffements d'un mal de vivre inaperçu, ou tu, ne laissent pas entrevoir de salut.

Et puis il y a ce qui devrait ressembler à du bonheur, ce qui nous réjouit mais qui va aussi nous faire souffrir, ce qu'on appelle le chagrin des événements heureux : terminer ses études, changer de travail, déménager et quitter des lieux, des personnes, des activités que l'on a aimés et que l'on aime encore ; voir ses enfants grandir et partir de la maison ; observer ses parents, toujours vivants, avancer vers le grand âge. Même dans le déroulement heureux d'une vie humaine, la tristesse prendra sa place.

Enfin, il y a le bonheur des inquiets, des anxieux : celui-là a besoin de consolation parce que c'est un bonheur dont ils commencent à saisir la fragilité et à percevoir qu'il va disparaître. À peine sont-ils installés à sa table qu'ils songent à la fin du repas. Difficile de leur donner tort : ils sont dans le vrai, le bonheur va filer. Il ne reste que la consolation, celle qu'apporte l'immersion dans le présent, la capacité à savourer ce qui est là.

Je me souviens avoir un jour bavardé avec une de mes patientes, presque guérie de son anxiété. Elle m'avait avoué qu'au début son cerveau, d'abord apaisé par le goût de l'instant présent, appris et poli en thérapie (« Savoure ce bonheur avant de réfléchir, même si tu sais qu'il va disparaître »), revenait à la charge avec d'autres pensées (« Même si le bonheur revient toujours, même si ses disparitions sont toujours suivies de réapparitions, toi, un jour, tu vas disparaître pour toujours »). Notre anxiété semble parfois impossible à éteindre et « notre besoin de consolation, impossible à rassasier[14] ». D'où l'attention à lui porter. Nous sommes condamnés à toujours respirer, parce que nous avons toujours besoin d'oxygène ; condamnés aussi à toujours être consolés, parce que la vie nous blessera sans cesse et prendra un jour fin. Désolation parce que la vie est dure et se termine dans la certitude de la mort, consolation parce qu'elle est belle aussi, et prend fin dans le mystère de l'au-delà. Je me souviens que cette même patiente m'avait raconté un autre jour que, dans sa vie, elle avait toujours éprouvé un peu d'anxiété chaque fois qu'elle devait se déplacer pour voyager, que ce soit pour des vacances ou des week-ends. Mais elle avait aussi remarqué ceci : chaque fois, elle était soucieuse de quitter l'endroit où elle se trouvait, et en même temps heureuse d'arriver là où elle se rendait. Et elle ajoutait, malicieusement : « J'espère que ce sera pareil pour mon dernier voyage ! En tout cas, c'est ce que je me répète souvent quand mes peurs de la mort reviennent : je serai triste de quitter la vie, mais si ma "loi psychique du déplacement" s'applique, je serai heureuse d'arriver de l'autre côté ! »

Continuité de nos désolations

Peut-on établir une continuité entre les extrêmes ? Entre les petites et les immenses désolations ? Depuis celle du contrarié jusqu'à celle de l'endeuillé ? Cela semble incongru, mais dans le vaste territoire de la désolation, il existe, à mon avis, une continuité relative, pour étonnante qu'elle soit.

Si l'on est fragile, une simple contrariété peut nous faire ressentir une brève bouffée de désolation intense : on égare un objet qu'on aimait, on se dispute avec un proche, on rate un train ou un avion… Je me souviens d'une amie, certes vulnérable, qui avait brisé une belle théière que son père disparu lui avait donnée : elle m'avait confié avoir ressenti un désespoir immense durant de longues minutes, en constatant que les dégâts étaient irréparables. Ce n'était pas grave, bien sûr, et l'affliction ne fut pas durable, mais sur le coup et pour un moment, la désolation fut intense.

On retrouve dans ces afflictions disproportionnées les deux ingrédients de toute détresse : le sentiment de solitude (dans le langage courant, pour parler d'un moment embarrassant, socialement gênant, notre époque parle de « grand moment de solitude ») et l'impression d'irréparable.

Dans *La Fêlure*, un récit autobiographique sur sa dépression, l'écrivain F. Scott Fitzgerald décrit comment un événement mineur peut donner envie de mourir : « À trois heures du matin, un colis oublié prend une importance aussi tragique qu'une condamnation à mort[15]... »

Il peut arriver aussi que la désolation du dérisoire s'incruste dans la désolation du dramatique : une angine ou une dent cariée, une panne de voiture ou une tracasserie administrative, alors qu'on souffre d'un cancer ou qu'on est en deuil ; les grands malheurs ne protègent hélas pas des petits.

Vivre une existence humaine devrait sans doute nous inciter à nous préparer à l'adversité, à l'envisager au moins. Cela aurait un premier effet bénéfique : nous inciter à savourer chaque instant exempt de difficultés, nous ouvrir les yeux sur notre chance. Et un second effet tout aussi propice : nous aider à perdre moins de temps à nous lamenter sur un sentiment d'injustice lorsque l'adversité survient. Nous nous dirions juste : « Mince, le vent est en train de tourner », et nous nous efforcerions de faire face de notre mieux. Vœu pieux ? Certes. Mais l'attitude du déni (ne pas penser à l'adversité en espérant qu'elle ne vienne jamais) est un autre vœu pieux. Chacun choisit selon l'état de ses forces à tel ou tel moment de sa vie.

Je me souviens ainsi d'une patiente qui avait fait d'elle-même un des trucs parmi les plus bizarres que j'aie vus en thérapie : grande anxieuse qui se remettait d'une dépression, elle avait un jour établi la liste de toutes les catastrophes qui pourraient la frapper à l'avenir : perdre un enfant, son conjoint, un proche ; tomber malade (elle avait dressé une autre liste, celle des maladies ayant déjà affecté sa famille, ou dont elle avait peur) ; perdre son travail… Il y en avait une feuille entière (« Et je n'ai pas tout mis, docteur ! »). Jamais je n'aurais osé lui demander d'imaginer tous ces drames, surtout toute seule chez elle, sans que je sois à ses côtés.

Mais cette liste lui avait fait du bien : « Vous savez quoi ? Je me suis sentie soulagée d'avoir tout mis sur le papier. Je me suis dit que ce n'est pas parce que c'était écrit que ça m'arriverait. Que je ne pourrais pas subir toutes ces malchances, tout de même ! Que c'était le genre de trucs qui pouvaient arriver à n'importe qui, pas seulement à moi. Et que, pour le moment, j'avais de la chance : je n'avais que ma dépression à finir de soigner, et que des ennuis normaux, finalement. »

Mécanismes de nos désolations

Il existe une continuité relative, donc, de nos désolations, un cousinage plus ou moins lointain entre elles. Et une similitude aussi de leurs mécanismes.

Toute désolation, grande ou petite, est comme un coup d'arrêt brutal à une vie qui avançait tranquillement, une vie dans laquelle chaque journée contenait la promesse des suivantes, chaque occasion manquée était sans gravité puisqu'il y aurait des lendemains et d'autres occasions de la rattraper. L'irruption du malheur dans notre vie bien rangée nous arrache à notre petit confort et nous jette au-dehors, démunis. L'instant présent devient angoissant, l'instant d'après l'est tout autant. Toute routine est certes un enfermement, quand les temps sont calmes, mais aussi une réassurance quand ils sont violents. La sécurité et la prévisibilité nous manquent dès lors qu'elles nous sont ôtées par l'adversité.

Dans la désolation des deuils ou des épreuves majeures, c'est comme si nous étions propulsés dans une autre dimension. Nous ne sommes plus comme les autres : ils sont dans l'ancien monde, celui de la normalité et du bonheur possible à tout instant ; et nous voilà expulsés dans un autre univers, froid et sans illusions. On se retrouve dans les limbes, entre le monde des morts et celui des vivants, dans un *intermonde* où rien n'a plus de sens. Avec le sentiment que toute l'adversité a déferlé dans notre vie à cet instant, comme dans la formule de Shakespeare : « L'Enfer est vide, tous ses démons sont ici[16]... »

Dans les deuils, dans les moments où la souffrance n'est plus au premier plan, comme si elle reprenait son souffle, émerge aussi parfois un sentiment de vide, de difficulté avec la vie, avec tous les petits efforts d'ajustement que demande le quotidien. Comme me le confiait une patiente endeuillée : « On ne souffre pas toujours, mais on ne se sent jamais bien. » F. Scott Fitzgerald, encore, a parfaitement décrit les mille et un effondrements de ces moments : « Il faut tenir en équilibre le sentiment de la futilité de l'effort et le sentiment de la nécessité du combat » ; « maintenir le moi comme une flèche tirée du rien vers le rien » ; « même l'amour porté aux proches devient tentative d'aimer ». Cela ressemble alors à des bouffées de détresse dépressive, à une expérience durant laquelle on frôle l'effondrement ; une expérience dangereuse et épuisante, qui ne demande qu'à durer et s'installer, si l'on n'y prend pas garde.

Et puis ces mécanismes de désolations s'accompagnent de tout un cortège de pertes :

- Perte du rapport tranquille au futur (« Il y en aura un et il sera vivable ») et perte des possibles auxquels on n'avait pas encore goûté.
- Perte de la capacité à être heureux, et du coup, retour des douleurs du passé, car le bonheur jouait le rôle d'un anticyclone écartant les nuages des tristesses anciennes.
- Perte, bien sûr, de la légèreté, de l'insouciance.
- Perte de la confiance envers la vie et le monde.
- Perte de nos illusions.

Et cette dernière perte est peut-être l'aspect le plus poignant de nos désolations : elle nous révèle que notre bonheur repose sur de nombreuses illusions, et qu'il ne peut en être autrement. Il faut alors du temps et des efforts pour s'en remettre, et construire une nouvelle philosophie de vie : accepter que les illusions ne soient que des illusions, et les savourer tout de même. Tenter de faire comme les enfants qui savent que le père Noël ou la petite souris n'existent pas, mais qui continuent, dans leur sagesse, de faire semblant d'y croire, parce que la vie est plus belle ainsi.

Dans l'adversité se rappelle enfin à nous une vérité ontologique : notre solitude. Personne ne peut vivre pour nous, et personne ne peut souffrir ni mourir à notre place.

Premiers matins d'incrédulité

J'ai souvent entendu la description, chez les personnes endeuillées, accidentées, ou celles à qui on a diagnostiqué une maladie grave, de ce moment très particulier des matins suivant l'événement, ce moment où elles s'éveillent et traversent un bref instant de flottement : « Suis-je encore dans le monde d'avant ? Avant la mort de mon conjoint, avant le cancer, avant l'accident de voiture ? » Mais très vite, l'illusion se dissipe : « Non, je suis dans le monde d'après, le monde où tout ce que je tenais pour stable, acquis, durable, mérité, est cassé, fracassé, perdu à tout jamais. Je suis dans un nouveau monde, un monde où ce qui a été brisé ne peut être réparé, un monde où je ne peux qu'être consolé. Et à cet instant, qu'est-ce qui pourra me consoler ? »

Dangers de nos désolations et risques de l'inconsolation

Parmi les conséquences de l'infortune, on pense d'abord à la dépression, cette désolation maladive, prolongée, intériorisée, qui devient peu à peu insensible à toute consolation. Il existe ainsi des dépressions dites « réactionnelles », qui surviennent à la suite d'événements de vie douloureux. Les psychiatres cherchent toujours la frontière entre d'une part la réaction dépressive modérée et compréhensible face à l'adversité, que l'on peut se contenter de surveiller et d'accompagner, et d'autre part, la réaction maladive qu'il va falloir soigner activement. Cette frontière réside peut-être dans la capacité ou non à être réconforté : car lorsque toute forme de consolation reste durablement sans effet, c'est un signe de sévérité.

Mais le risque le plus fréquent de la désolation est peut-être celui de l'amertume. Elle peut venir d'un sentiment d'injustice : « Je n'ai rien fait de mal, j'ai même fait de mon mieux, et pourtant l'adversité me frappe. » Ce ressenti est fréquent chez les patients intéressés par ce qu'on appelle la « santé active », impliqués dans tous les efforts d'hygiène de vie destinés à rester en bonne santé, mais qui tombent cependant malades, alors qu'ils faisaient de leur mieux pour vivre sainement : un cancer du poumon chez une femme non fumeuse, une leucémie chez un homme ne mangeant que du bio.

Comment pourraient-ils ne pas penser : « Pourquoi moi ? » Comment pourraient-ils ne pas éprouver d'amertume envers les chanceux inconscients de leur chance, ou protégés par leurs gènes robustes.

Le combat contre les poisons de l'amertume et du ressentiment chronique envers ceux qui n'ont pas connu la souffrance est une nécessité chez beaucoup de personnes plongées dans la désolation. Ainsi des parents qui ont perdu un enfant, et qui rencontrent d'autres parents dont tous les descendants sont en vie et en bonne santé. Sans le vouloir, sans le savoir, les bien-portants et les non-souffrants offensent et blessent les dolents.

Je me souviens d'une dame âgée qui s'entendait bien avec ses plus proches voisins, du même âge qu'elle ; elle dépendait d'eux pour de nombreux petits services, mais se sentait envieuse et parfois irritée par leur insolente bonne santé et leur vie de couple, alors qu'elle-même était veuve et affligée de cancers multiples.

Autre danger, le ressentiment que l'on peut éprouver contre soi-même : on est parfois en colère de continuer à souffrir sans pouvoir s'en sortir. On s'en prend alors à soi, comme dans une maladie auto-immune de l'excès de souffrance, et toute l'énergie disponible se tourne vers l'autodestruction et non vers la recherche de consolation.

Un adage d'Érasme le rappelle : « *Cor ne edito*[17] », « Ne te mange pas le cœur ». Nous dirions aujourd'hui : « Ne te ronge pas les sangs. » Nous nous épargnerions sans doute beaucoup de souffrances si notre réflexe, dans la peine impuissante, était de commencer par nous apaiser avant de nous juger, par chercher notre consolation et non notre responsabilité.

Et puis il y a la tentation de se perdre dans la désolation. Pourquoi sommes-nous attirés, parfois, par ce qui finira par nous faire du mal : la plainte, le ressentiment, la tristesse ? Peut-être parce que au début cela nous fait du bien, comme dans les addictions. Peut-être parce que, sans le vouloir, nous pensons que ce sont nos plaintes qui feront venir le réconfort et la consolation. Ou tout simplement parce que nous cédons à la faiblesse inhérente à la tristesse et au dangereux soulagement qu'elle offre : il y a dans la tristesse un mouvement de laisser-aller, de lâcher-prise, de renoncement aux combats de la vie, qui offre bel et bien, au début, un soulagement. Mais qui nous entraîne parfois à repousser la consolation, parce qu'elle nous dérange dans le tête-à-tête avec nous-même, dans le confort absurde de nos souffrances et de nos sombres certitudes d'un destin supposé contraire.

Notre besoin de consolation

Ce défilé des adversités que nous venons de parcourir ensemble peut nous sembler bien décourageant, les jours où nous sommes fragiles. Ou excessivement larmoyant, les jours où nous nous sentons forts. Je ne souhaite évidemment ni décourager, ni dramatiser. Juste ouvrir les yeux sur le mouvement de respiration de toute vie humaine, alternant désolations puis consolations.

Nul ne devrait être laissé seul dans la peine. J'ai lu un jour cette formule anodine et terrible, évoquant « les gens qui ne manquent à personne quand ils ne sont pas là[18] ». Elle m'a fait penser aux humains qui pleurent, seuls sur un banc dans un jardin public ou un couloir de métro, et que personne ne console, ou n'ose consoler : je ne connais guère d'image plus forte de détresse ni de solitude.

Quand je regarde trop les actualités, quand je suis abattu par certains de nos comportements humains, ce qui me réconforte et me fait du bien, c'est de songer à toute la belle chaîne humaine des consolations : donner la consolation, recevoir la consolation, propager la consolation dans la société. Je pense aux bienveilleuses et bienveilleurs, à tous ces invisibles de la consolation. À cette permanence de courants de réconforts donnés et reçus, dans l'ombre, la discrétion, l'humilité tranquille, qui aident tout groupe humain à tenir bon. Sans la consolation, cette expression de la bienveillance face à la détresse, cette mise en gestes et en mots de la compassion, le monde serait sinistre et dur, irrespirable. Face à ce qui nous désole et qui désole autrui, consoler plutôt quc larmoycr.

Car la consolation est un remède au présent (elle soulage) et au futur (elle le fait entrevoir autrement que comme un prolongement de la désolation). Et peut-être même un remède au passé : la consolation d'aujourd'hui efface toutes les peines non consolées d'hier, comme l'amour. Un bel amour peut consoler en un jour de tous les amours boiteux et douloureux des années passées. Et la consolation, nous le verrons, c'est un des visages de l'amour.

Il nous a annoncé que tout était fini

Il nous a fait asseoir, nous a demandé de poser nos mains sur la table. Il a pris nos quatre mains qu'il a enveloppées dans les siennes.
Puis il a levé les yeux et, le regard embué de larmes, nous a annoncé que c'était fini.

La journaliste **Laure Adler**, racontant le moment déchirant où le médecin annonce à son mari et à elle que leur fils va mourir[19].

3

CE QUI NOUS CONSOLE : LES REMISES EN LIEN

Heureux ceux qui savent, de manière intuitive, vers où se tourner lorsqu'ils sont dans la désolation. Longtemps, ce ne fut pas mon cas : à chaque chagrin, la désorientation s'ajoutait à la souffrance. Et je suis aujourd'hui persuadé qu'apprendre à connaître ce qui va nous consoler est une forme de sagesse existentielle des plus précieuses.

Montaigne note, à propos de son long voyage en Europe : « Je sais bien ce que je fuis, mais non pas ce que je cherche[1]... » Ainsi, dans notre vie, nous souhaitons fuir la désolation, mais ne savons pas toujours où réside la consolation. La réponse est pourtant simple : la consolation est dans les liens.

La désolation nous brouille avec le monde, auquel l'adversité donne un visage injuste et violent ; avec les autres, qui nous semblent maladroits, lointains, indifférents, insuffisants, parfois même responsables d'une part de ce qui nous fait souffrir ; avec nous-même, car nous nous en voulons souvent de n'avoir pas pu ou su éviter ce qui s'est passé.

La consolation, c'est une réconciliation, une remise en lien avec la vie, les autres, et soi. Les ressentis douloureux et négatifs reculent, ou plutôt cessent de commander notre existence. « L'objet de la consolation ne consiste pas tant à ôter son chagrin à l'être qu'on console qu'à suppléer à son sentiment de séparation et de perte en l'ouvrant, par des gestes, des mots, des attentions, à un sentiment de communauté[2]. »

Le chagrin nous coupe du monde, des autres et de nous-même. La consolation restaure ces liens, avec patience et douceur.

La remise en lien avec le monde : la vie qui répare

« La lucidité peut être considérée comme une valeur plus haute que l'illusion. Mais, quoi qu'il en soit et malgré qu'il en ait, le désir de croire renaît comme le sommeil ou comme la soif, ou comme l'attachement de l'amour, ou comme l'envie d'être heureux[3]. » Par cette phrase, Pascal Quignard suggère qu'il existe, tout au fond de nous, un goût de la vie, appelé à renaître tôt ou tard.

C'est cet élan, cette *envie d'être heureux*, propre à tout être, que la consolation réveille. Comme un désir de croire à nouveau en la vie, en la vie possible, en la vie belle, même sans certitude aucune dans l'instant.

Ce qui nous console, ce sont parfois des paroles ou des attentions dirigées vers nous intentionnellement ; ce sont aussi des efforts que nous accomplissons nous-même. Mais – le plus souvent peut-être ? – il arrive que la consolation nous vienne de choses qui nous touchent alors qu'elles ne nous sont pas adressées.

On peut être consolé, ou simplement réconforté, par le ciel bleu, la lumière du matin, la chaleur d'un regard ou d'un geste ; consolé par la beauté d'une chanson ou d'un poème, par leur tristesse ou leur foi en la vie humaine, en l'amour ; et parce que ces œuvres nous rappellent que tous les humains souffrent et que nous ne sommes jamais plus semblables les uns aux autres que dans la détresse.

Cette détresse, qui fait que nous nous ressemblons les uns les autres, devrait aussi, si la vie était logique, nous rapprocher spontanément les uns des autres ; ce n'est pas toujours le cas, et ce rapprochement relève souvent d'efforts, nous le verrons. Mais revenons à ces consolations comme tombées du ciel...

Si nous y prêtons attention, nous pouvons découvrir que la vie nous offre à chaque instant ses remèdes : elle peut nous guérir juste parce qu'elle est la vie. Lorsque nous marchons dans la forêt, nous passons sans cesse à côté de plantes aux vertus médicinales, sans les voir ; de même, traversant nos journées, nous côtoyons sans cesse des sources de consolation.

Cette consolation par un monde qui ne se soucie pas de nous ressemble à un paradoxe : l'univers est indifférent à nos maux, à notre histoire, à notre existence. Pourtant, il peut nous apaiser, simplement par sa présence. Nous pouvons alors imaginer que son indifférence n'en est pas une, qu'elle est uniquement un rappel calme et doux de l'impermanence de nos peines. Voici une lettre que Rosa Luxemburg, femme politique et révolutionnaire allemande, écrivit de prison, évoquant des souvenirs du temps où elle était libre[4]. Elle fut assassinée par ses geôliers, en 1919.

Quand par une tiède journée de printemps
je me promène simplement dans les rues de mon
Südende [...] sans but, en bâillant [sic] aux corneilles
et aspirant la vie [...], et qu'on entend, venant des
maisons, le bruit des matelas qu'on bat pour Pâques,
une poule qui caquette à tue-tête quelque part,
des petits écoliers qui se chamaillent sur le chemin
du retour [...] un tramway haletant qui lance dans

les airs son petit sifflement en guise de salut [...], alors mon cœur jubile de tout, du plus petit détail. [...] Comme cette voix grasseyante et cette conversation idiote sont sympathiques ! Et comme je me réjouis que ce monsieur aille à cinq heures quelque part. J'aurais presque envie de lui crier : Saluez de ma part – je ne sais qui. Qui vous voudrez ! [...] Sans doute ai-je l'air un peu étrange, avec mon visage qui rayonne de bonheur. Mais qu'importe !
Y a-t-il plus grand bonheur que de flâner comme ça dans la rue dans le soleil de printemps ?

Contempler simplement la vie qui va peut nous consoler. Mais pas quand on nous l'impose : il faut que cela vienne de nous, que cela soit *autoproduit*. Sinon, ces évidences deviennent des offenses : « Quoi, ma peine à moi, consolée par des petits riens ? »

Les clés de notre geôle de tristesse sont là, à notre portée : mais c'est à nous de tendre la main pour les attraper. La consolation est un travail de libération : on se libère de l'affliction. La vie, pour peu qu'on le lui demande, est toujours prête à nous aider ; mais c'est à nous de sortir d'abord de notre prison mentale.

La vie se fout de nos chagrins, et c'est ça qui nous fait du bien. Qu'elle s'en foute, et qu'elle continue son chemin ! Et que sur ce chemin il y ait des oiseaux qui chantent, le soleil qui brille, des ciels bleus, de beaux nuages qui passent dans un silence de mystère. La vie se fout de nos souffrances. Et peut-être, à certains moments du moins, nous en console-t-elle mieux. Parce qu'elle est à la fois indifférente et bienveillante, peut-être est-elle plus efficace que des paroles maladroites et prévisibles, des paroles inopérantes parce qu'elles se veulent trop lourdement réparatrices. Or la consolation n'est pas une réparation. Elle est une raison de continuer à vivre, alors que rien, ou presque, ne peut être réparé.

La vie qui guérit

Quand nous sommes dans le malheur, nous avons du mal à être consolés par les petites touches réjouissantes ou apaisantes du quotidien : la beauté, la douceur, une fleur, un air doux, des mots amicaux... En fermant notre cœur pour résister au malheur, nous l'avons aussi fermé au bonheur, qui pourrait nous distraire, alléger notre peine, ou même nous sauver, en nous ouvrant les yeux sur cette vérité : notre vie sera toujours ce mélange de chagrin et de joie.

Il s'agit d'être consolé de tout ce qui n'est plus là par tout ce qui est encore là. Et de se demander si, de tout ce qui nous manque, une part n'est pas déjà devant nos yeux, à portée de main. Ce que nous enseigne, ou peut nous enseigner, l'idée d'une « vie qui guérit », c'est la nécessité de la réceptivité, de l'humilité : faire l'effort, malgré sa peine, de se relier au monde en tant qu'être endolori ; accepter de lâcher une souffrance qui nous singularise et nous différencie, mais nous isole, pour redevenir banal, insignifiant et inexistant, moins intéressant que ce qui nous entoure.

Il peut exister une forme de péché d'orgueil dans la souffrance, dans certaines façons de souffrir en tout cas. Car la détresse fait tourner – involontairement, bien sûr – le monde autour de nous et de notre nombril endolori : « Le chagrin [...] ferme le cœur à tout ce qui n'est pas lui[5]. » L'acceptation de la consolation de la vie est un mouvement compliqué : il s'agit non seulement de renoncer à une réparation concrète (encore une fois, la consolation ne restitue pas ce qui est cassé ou passé), mais aussi de renoncer en partie à soi, et accepter de s'oublier, de s'invisibiliser, de s'effacer.

Consolation du temps qui passe

Un dimanche matin de printemps, très tôt, une mère (ou un père) revient de la boulangerie avec des croissants pour la famille ; les enfants sont déjà grands, étudiants ; voilà quelque temps qu'ils sont partis de la maison, mais ce dimanche, ils sont revenus la veille pour une fête familiale et sont restés dormir, comme autrefois. Malgré ces moments joyeux, la maman ressent une bouffée de tristesse : le temps passe si vite ! Elle revoit ces mêmes lieux il y a vingt ans, ses enfants l'accompagnant en se donnant la main ; ils lui demandent de porter le paquet, et elle les voit qui commencent, en se cachant maladroitement, à grignoter en douce un bout de croissant ; elle fait alors semblant de ne rien remarquer, afin de jouer, à l'arrivée, toujours la même scène : « Mais !?!? qui a mangé le bout des croissants !? On va les rapporter à la boulangère ! »

Ce matin-là, c'est le même trajet qu'autrefois mais tout a changé. Rien de grave, tout le monde va bien, tout le monde vit bien. Le temps a passé, simplement. Une tristesse se lève, légère, mais qui pourrait bien être tenace, comme un petit crachin venu du ciel, qui ne mouille pas beaucoup à ses débuts, mais quand même… Qu'en faire ? La laisser filer ? Se consoler ? Sans dramatiser tout de même. Tout va bien, ne pas l'oublier !

Alors, comment trouver des consolations aussi légères que la tristesse ? C'est simple : sourire

et accepter. Ce qui a disparu, nous l'avons vécu, et c'était bon.
Alors, elle s'arrête un instant et regarde le soleil, les maisons, le clocher de l'église au bout de la rue. Elle se réjouit que tout cela soit là, que tout cela soit beau et paisible. Elle se réjouit d'être arrivée jusqu'ici en vie, avec simplement les adversités normales de toute existence humaine, et quelques drames aussi... Elle savoure la beauté des souvenirs et du temps passé ; elle savoure la douceur du temps présent. Il y aura d'autres beaux moments à vivre. Et quand bien même il n'y en aurait plus, cela valait la peine, non ?

Vrac consolatoire
(liste de choses dérisoires et réconfortantes)

- Voir un chien courir sur la plage, fou de joie, revenir vers son maître ou sa maîtresse, lui tourner autour, plein d'amour, puis repartir, sans jamais se lasser de tout ce qui le ravit. Simplicité admirable du bonheur canin, qui nous est inaccessible, à nous, humains, sur la durée. Mais qui de temps en temps nous donne envie de courir comme des dératés, absolument confiants et consolés de tout.

- Se souvenir de toutes les fois où l'on s'est cru perdu et où tout s'est arrangé.

- Seulement chez les fans de sport : s'abandonner à un bonheur infantile et naïf quand notre équipe favorite gagne ou joue bien. Dérisoire. Mais consolant. On reste dans sa vie, avec ses chagrins ou ses manques, mais le cœur est allégé par quelque chose de très peu d'importance.

- Songer à cet enfant soigné pour une leucémie et qui dit à la psychologue : « Quand je serai mort, je ne serai plus malade. » Aller s'asseoir, pleurer, penser très fort à lui, où qu'il se trouve, et lui envoyer tout l'amour qu'on peut extraire de son cœur, à cet instant.

- Se dire, bêtement, qu'une fois mort on n'aura plus jamais mal aux dents. J'ai mal aux dents alors que j'écris ces lignes et du coup je pense à la chanson de Brassens, *Le Testament :* « J'ai quitté la vie sans rancune, J'aurai plus jamais mal aux dents : Me v'là dans la fosse commune, La fosse commune du temps... » Cette idée qu'il existe un endroit où on n'a jamais mal aux dents me console. Certes, il y a la mort à traverser. Mais après la mort, on saura enfin s'il y a quelque chose à savoir ; et s'il n'y a rien à savoir, ce ne sera pas si grave. Voilà exactement ce qui se dit dans ma tête à ce moment. Et qui me console de mon mal de dents. J'adore le cerveau des humains...

- Être surpris par le ciel bleu qui tout à coup apparaît entre les nuages. Recevoir une lettre d'un ami, qui nous raconte qu'il est heureux. Faire du bien à quelqu'un. Se sentir en paix avec tout le monde. Se sentir en paix avec le monde. Se sentir aimé, apprécié, estimé. Faire du bien à quelqu'un.

- Penser à Rosa Luxemburg qui écrivait depuis sa prison des lettres pleines de joie et de vie à ses proches. Et qui leur remontait les bretelles quand ils se plaignaient pour peu : « Passons à votre lettre. Ce ton accablé ne m'a vraiment pas fait plaisir. Qu'est-ce que c'est que ces jérémiades sur les enfants à venir, qui n'ont même pas mis encore leur nez dans ce monde !... Pfff, Gertrud, cela ne sert à rien. [...] Il faut travailler, et faire ce que l'on peut, et pour le reste, tout prendre avec légèreté et bonne humeur. On ne se rend pas la vie meilleure en étant amer[6]. » Quand j'ai lu ces lignes pour la première fois, elles m'ont touché, mais je me suis dit :

« Ouh là là, tu n'es pas du tout de cette trempe, quelle force d'âme incroyable dans ce tout petit bout de femme ! » (Rosa mesurait 1,50 mètre). Puis j'ai ressenti émotion et soulagement égoïste quand j'ai lu, quelques pages plus loin :

« Hier, avant de m'endormir,
au milieu de mon bel équilibre construit
avec tant de peine, j'ai été rattrapée par
un désespoir bien plus noir que la nuit[7]. »
Ce n'était pas un don, mais des efforts.
Essayer de s'inspirer d'elle.

- Terminer une tâche, ou s'absorber dans une tâche qui suspend le chagrin et nous remet dans l'action, dans la vie. Se souvenir des belles choses. S'adonner à une nostalgie sans comparaison avec le présent, sans jugement, juste pour se faire du bien, un instant.

- Sourire, même si on se sent triste. Là encore, ne rien attendre du sourire, juste sourire. Suffisamment longtemps, légèrement, discrètement. Il n'est pas nécessaire que le sourire se voie de l'extérieur. S'entraîner à sourire avec légèreté, sans crispation, sans ostentation, et observer les effets.

- Se souvenir de toutes les fois où nous avons ressenti du bonheur dans la tristesse. En écrivant ces lignes, je pense aux funérailles de mon beau-père, que j'aimais beaucoup : je titube sous le poids de son cercueil, que nous portons avec neveux et cousins ; je me souviens que, pour ne pas pleurer devant tout le monde, je me raccroche à ça, ce poids énorme du cercueil, mon sentiment de faiblesse physique, et par-dessus tout, le bonheur désespéré de l'accompagner physiquement aussi loin que possible dans son dernier voyage.

- Pratiquer l'exercice du *oui* et du *non*, et sa simplification extrême et salvatrice, parfois : « *Oui*, j'ai des ennuis et du chagrin ; *non*, je ne suis pas encore mort, et tout n'est pas encore perdu. »

- Sourire, respirer, regarder le ciel. Dans le même mouvement. Prolonger le plus longtemps possible. Observer l'envie d'arrêter et de revenir vers ce qui nous désole, mais tenir encore un peu, juste pour voir.

- Quand j'ai du chagrin, faire quelque chose plutôt que rien.

- Observer le mouvement du ressac des vagues de l'océan, qui se fracassent sur une digue, puis reviennent en arrière : ce mouvement de régulation du ressac, c'est comme si les vagues s'efforçaient de se calmer elles-mêmes pour ne pas finir par tout casser, tout détruire, tout désoler.

- Accueillir, quand on est triste, toutes les paroles pauvres, simples, sans ambition mais pleines d'affection : « Je suis là », « Je pense à toi », « Tu peux compter sur moi ». Les prononcer à son tour, le jour venu, pour d'autres dans la peine. Surmonter sa réserve, ses habitudes de pudeur ou d'introversion, ne plus avoir peur de pleurer en les disant.

- Un matin où l'inquiétude nous a réveillé trop tôt, regarder par la fenêtre le soleil qui se lève, écouter les oiseaux qui commencent à chanter, ou la ville qui prend vie ; il n'y a aucune solution à l'horizon, mais un peu de consolation, parce qu'on se contente de vivre cet instant.

La remise en lien avec les autres : consolantes et consolants

La personne à consoler est toujours une personne isolée dans son chagrin. Et la consolation la remet en lien avec la communauté humaine. Consoler, c'est réunifier, ramener auprès de ses semblables.

La souffrance isole, le lien console. C'est vrai de tous les liens, que ce soient les liens de l'amour, de l'affection, de l'amitié ; même un sourire, un bavardage, un regard accueillant peuvent consoler, atténuant, de manière légère ou fugace, le sentiment de solitude associé à toute peine.

Sentir qu'on est aimé, apprécié et soutenu nous console toujours, même si l'on n'a pas la force de recevoir pleinement cet amour et ce soutien, pas la force, pour le moment, d'y répondre comme on le voudrait, comme il le faudrait. On en est nourri tout de même. C'est pour cela que les consolants ne doivent attendre ni remerciements ni réponses. Juste exprimer leur affection et se tenir à disposition.

Nés pour consoler

L'aptitude à consoler fait partie des capacités dont les humains sont *équipés*, dès leur naissance. Elle est l'aboutissement d'une chaîne de compétences cérébrales qui va de l'empathie (cette aptitude biologique à ressentir la détresse d'autrui) à la compassion (qui est l'association de l'empathie et du désir d'aider pour diminuer la détresse). La consolation est en quelque sorte la mise en acte de la compassion. Notre culture et notre éducation n'ont plus qu'à enrichir ces aptitudes innées en les transformant en valeurs existentielles ; puis nos expériences de vie et de consolations, reçues ou offertes, vont les nourrir et les faire grandir.

Nous sommes une espèce consolatrice. Nous avons déjà parlé d'un besoin ontologique de consolation, lié à la condition humaine et à notre conscience de la mort, de la souffrance d'autrui. Mais il y a aussi en nous la prescience de notre capacité à réconforter nos semblables : nous sentons souvent, face à quelqu'un qui pleure, se lever en nous, dans notre corps, l'envie de poser notre main sur son épaule, ou de l'embrasser ; dans notre bouche, l'envie de dire des mots réconfortants. Pour permettre cela, il s'agit juste de lever le frein de la pudeur, de l'inhibition, de la peur de mal faire.

Du point de vue de la psychologie évolutionniste, être capable de consoler ses semblables est un avantage adaptatif pour toute espèce animale. Les individus soutenus et consolés par un groupe ne restent pas de façon prolongée et maladive dans la tristesse ; ils ne se laissent pas mourir de chagrin mais se remettent dans le lien et l'action ; et, plus prosaïquement, ils redeviennent « utiles » au groupe, et ne démoralisent plus les autres, par contagion émotionnelle.

Un trop grand niveau d'indifférence à la peine d'autrui est non seulement douloureux et attristant, sur le plan moral, mais il est aussi, sur le plan social, peu à peu destructeur des groupes dans lesquels il règne. Comme le bonheur, la consolation n'est pas un luxe mais une nécessité : sans le bonheur, qui revient régulièrement dans notre vie, nous n'aurions pas l'énergie d'affronter épreuves et difficultés ; et sans la consolation, nous nous sentirions de plus en plus seuls, inquiets, fragiles et démunis face à ces adversités.

Réconciliations et consolations chez nos cousins

Nos capacités à consoler, en tant qu'espèce, ne nous sont pas propres, d'autres primates les partagent. Les éthologues les ont ainsi étudiées chez les chimpanzés : après un conflit au sein d'une même colonie, on observe des conduites de réconciliation (comme des baisers sur la bouche) entre les protagonistes qui se sont battus ou querellés, et aussi des comportements de consolation (comme des embrassades et accolades) de la part des autres chimpanzés envers les combattants ; ils s'adressent le plus souvent à celui qui a eu le dessous, mais également au victorieux, comme pour le réconforter de son stress, et l'apaiser[8]. Chez des espèces de singes moins richement socialisées, comme les macaques, les témoins d'un conflit s'éloignent au contraire (sans doute pour ne pas subir eux aussi des coups et morsures)[9]. Plus une communauté est socialisée au travers d'interactions riches et denses, où règne une confiance mutuelle dans les capacités d'autocontrôle du groupe et des individus, plus la place est grande pour réconciliations et consolations.

Cette aptitude naturelle des humains à la consolation se retrouve dans les travaux sur l'empathie chez les tout-petits : face à d'autres enfants qui pleurent, même inconnus, les jeunes enfants s'efforcent de les consoler comme ils aimeraient l'être eux-mêmes, par exemple en leur amenant leur propre mère ou en leur offrant des jouets[10]. L'enfance est l'âge de notre plus grande vulnérabilité et de notre plus faible expérience de la vie et de l'adversité : c'est pourquoi nous y sommes en grand besoin de consolations.

Un enfant consolé fait l'expérience qu'il peut compter sur les adultes (et plus tard sur ses proches) en cas de difficultés. Il apprend aussi, sans doute et de manière plus subtile, qu'il est normal d'échouer et de se faire mal lorsqu'on se frotte à la vie, mais qu'on peut le faire sans crainte puisque la possibilité du réconfort est là. C'est un des beaux héritages des histoires réussies de consolations enfantines : on ne perçoit plus systématiquement sa peine comme un échec, ni un échec comme une faiblesse ou une condamnation à la solitude.

C'est peut-être en raison de ces racines enfantines que la consolation nous rapproche de l'enfance, et nous rappelle ceci : tout adulte est un enfant qui ne s'est pas vu grandir, qui a poussé trop vite, qui découvre qu'un jour on lui dit « madame » ou « monsieur », et qui s'étonnera jusqu'à la fin de ses rides, de ses cheveux blancs, de ses affaiblissements. Pour accepter d'être consolé, il faut accepter d'être aussi démuni et fragile qu'un enfant, il faut quitter ses habits de grand, ses manières d'adulte, son costume de puissance, son masque de force, ses certitudes. Ce qui caractérise l'enfant, c'est qu'il se sent souvent incapable de faire face, seul, aux peines et aux souffrances, et qu'il n'hésite pas à appeler au secours, à faire confiance à qui le console. Ainsi, et cela nous est souvent inquiétant, voire désagréable, impuissance et confiance sont deux ressentis à accepter pour être consolable.

Le désir de consolation ne relève pas seulement de l'empathie, de la compréhension, du désir de soulager ou de faire du bien. Certes, il y a tout cela, mais il y a aussi tout ce qui va au-delà : la consolation est un acte de fraternité, par lequel on se sent moins seul au monde, que l'on soit consolé ou consolant ; car tout humain consolant pressent qu'un jour, peut-être, ce sera son tour de souffrir.

Le monde des consolants et celui des consolés ne sont pas si éloignés : les humains oscillent d'un rôle à l'autre selon les épreuves qu'ils croisent sur leur chemin. Si le chagrin des autres nous touche et nous émeut, c'est parfois aussi parce que nous savons qu'il aurait pu être le nôtre. Ou qu'il le fut un jour, ou le sera demain.

La consolation relève aussi de l'interdépendance : elle permet de recevoir d'autrui ce que – à cet instant au moins – je ne peux moi-même produire, ou incomplètement. La souffrance nous fragilise, la consolation nous humanise. Elle nous rappelle qu'être humain, c'est appartenir à une communauté où tous les uns ont besoin de tous les autres.

Le mouvement naturel des corps dans la consolation

Nous sommes en mai 2021, des milliers de réfugiés tentent de franchir la frontière vers l'Europe, en entrant dans l'enclave espagnole de Ceuta, située en Afrique, sur la côte nord du Maroc. Une scène émouvante est alors filmée et diffusée sur les réseaux sociaux, qui montre à quel point les gestes de la consolation sont spontanés et universels. Un homme venu sans doute d'Afrique subsaharienne, efflanqué et couvert de poussière, est assis, épuisé, sur un rocher; assise sur ses talons, face à lui, une jeune volontaire de la Croix-Rouge espagnole lui donne à boire, et lui tapote gentiment la nuque pour le réconforter, tant il semble perdu et effaré. Ce geste amical pousse l'homme à se pencher vers la jeune fille, et à poser sa tête sur son épaule, peut-être pour fondre en larmes, de fatigue et d'émotion mêlées. Après un temps d'hésitation, elle lui caresse les cheveux, comme une mère le ferait à son enfant. Alors il se laisse aller, l'enlace de ses bras, de manière réflexe et pudique. Ils restent quelques instants, lui accroché à elle, elle lui passant la main dans les cheveux et sur la nuque. Inconnus l'un à l'autre avant cette rencontre, ils ont trouvé l'un et l'autre les gestes automatiques, ancestraux et bouleversants de toute consolation, lui le consolé, elle la consolante. Et ils ont éveillé au cœur de tous les humains qui ont vu la scène comme un sanglot attendri et bouleversé, d'admiration et de compassion.

Les liens qui consolent

Comment la consolation peut-elle agir, alors que le réel n'est pas transformé ? Parce qu'elle est une construction commune entre le consolant et le consolé, parce qu'un lien se tisse, et que c'est ce lien qui nous fait du bien, comme dans une thérapie ou un soin, même si le « remède » (ici les paroles censées aider à relativiser, à se reprendre) ne « marche » pas toujours si bien que ça. Par le détour de la consolation, on déclare son amour et son affection, son amitié et sa proximité.

Si le lien nous console, s'ouvrir à ce lien suppose de s'ouvrir à la personne consolante. Les gestes de consolation sont toujours simples, les paroles, banales : c'est la manière dont nous les accueillons qui ne l'est pas. De qui accepterons-nous facilement la consolation ?

De nos proches, bien sûr : parce qu'ils nous aiment et que leur seule présence est bienfaisante.

Des professionnels, parce qu'ils ont déjà beaucoup consolé autrui, qu'ils soient soignants ou psys, qu'ils soient prêtres, imams, rabbins ou autres. Car ces derniers ont souvent œuvré face aux plus grands chagrins, ceux du deuil, telle Delphine Horvilleur qui témoigne de ce qu'elle estime être son rôle : « Accompagner les endeuillés, non pas pour leur apprendre quelque chose qu'ils ne savaient déjà, mais pour leur traduire ce qu'ils vous ont dit, afin qu'ils puissent l'entendre à leur tour[11]. » Ces professionnels de l'aide savent écouter les endeuillés et leur restituer, avec douceur et espérance, une image apaisée des disparus.

Et puis de nos amis : « Plus je vieillis et plus je trouve qu'on ne peut vivre qu'avec les êtres qui vous libèrent, qui vous aiment d'une affection aussi légère à porter que forte à éprouver. La vie d'aujourd'hui est trop dure, trop amère, trop anémiante, pour qu'on subisse encore de nouvelles servitudes, venues de qui on aime [...]. C'est ainsi que je suis votre ami, j'aime votre bonheur, votre liberté, votre aventure en un mot, et je voudrais être pour vous le compagnon dont on est sûr, toujours[12]. » Voilà ce qu'Albert Camus écrit à René Char, cherchant auprès de son ami une consolation : il vient de passer un été en Normandie, pour tenter d'écrire, et il n'a rien produit (« Je n'ai rien fait pendant cet été, sur lequel je comptais, pourtant. Et cette stérilité, cette insensibilité subite et durable m'affecte beaucoup »).

Les deux auteurs ont entretenu une belle amitié et une longue correspondance, de 1946 à 1959, peu avant la mort de Camus, et la lecture de leurs échanges permet de comprendre comment la consolation peut s'exercer aussi à distance (même s'ils se voyaient régulièrement) : « Je pense souvent à vous, à notre amitié. Le Temps relâche alors son hostilité ; mes mains ne sont plus tristes. Un peu d'enfance et de maquis réchauffent mon cœur perdu[13]. » Ils se soutiennent par des encouragements à écrire : « Guérissez vite et fructifiez[14]. » Que peut-on souhaiter de plus beau à un ami écrivain que de *fructifier* par ses écrits ? Ils s'adressent des félicitations à propos de leurs livres, ainsi Char à Camus, après que ce dernier a publié *La Peste* : « Vous avez écrit un *très grand livre*. Les enfants vont pouvoir à nouveau grandir, les chimères respirer[15]. »

« Une affection aussi légère à porter que forte à éprouver » : cela s'applique à l'amitié comme à la consolation, qui doit être aussi légère à écouter que forte à ressentir. Parmi nos amis, certains sont de bons consolateurs, d'autres non. Un ami ne sert pas qu'à consoler, mais c'est peut-être la personne qui peut le mieux le faire : parce qu'il se tient à la juste distance, il est capable de ne pas sombrer dans notre chagrin et de ne pas nous y laisser seul.

Une consolation acceptée peut aussi nous venir des autres endoloris, des personnes qui ont déjà vécu ce que nous vivons. Mais au-delà des épreuves semblables, il y a la manière de les avoir traversées, puis pensées. Car ce que nous attendons de ceux qui ont souffert comme nous, ce ne sont pas des leçons de maintien ou de résilience face à l'adversité, mais une complicité sobre, dans laquelle un silence partagé, un soupir, un sourire, un regard, racontent à eux seuls tout de la fraternité de la souffrance.

Finalement, une consolation peut nous être prodiguée à tout instant par tous nos semblables. Si la sincérité et la spontanéité sont là, la grâce viendra.

Dans les couloirs du bloc opératoire (récit d'une patiente)

On m'emmène au bloc chirurgical pour m'opérer. Je sais que c'est un moment important dans ma vie, sur lequel je n'ai plus aucune prise désormais, je ne suis plus qu'un corps malade qu'on trimballe vers une opération qu'on espère salvatrice. Je ne me raconte pas d'histoires, optimistes ou pessimistes ; je m'empêche simplement de penser, ou plutôt je me détourne de mes pensées, de toutes pensées, ce n'est plus le moment, et je ne suis pas sûre de maîtriser tout ce qui peut déferler. Alors je me replie sur mes sensations, je me contente de regarder, écouter, ressentir ; je me sens impuissante, solitaire. Réceptive à tout, sensible, sans défenses, comme un nouveau-né. Du coup, toute forme de gentillesse venue des soignants – sourires, paroles de réconfort, petites blagues bienveillantes et encourageantes, douceur dans la manière de pousser le brancard, ou de poser sur mon corps le dossier médical –, tout me touche et me réconforte, si c'est fait de manière simplement humaine et fraternelle.

Plus tard, une amie, dans la même situation, me racontera la même histoire : elle est sur son brancard, avant l'opération, dans le couloir des blocs chirurgicaux ; une dame attend, elle aussi allongée sur sa civière, juste à côté d'elle ; elles se regardent, se sourient, sans se parler ; ce regard et cette sororité face à la maladie la réconfortent, lui font du bien. Ne pas se sentir seul, parfois, cela suffit pour tenir bon. Le sentiment de solitude amplifie toujours la peur et la peine.

Les consolations à distance

Autre manière de recevoir la consolation : dans la distance d'une solitude choisie.

Les introvertis, quand ils se trouvent dans la peine, sont parfois submergés par le trop-plein de consolations. Ils éprouvent un besoin de recul et de distance : souffler un peu, remettre de l'ordre dans leurs idées, rester dans le silence. Rien à voir avec l'isolement subi de l'abandon, de la non-consolation. La solitude choisie, c'est quand d'autres personnes sont disposées à nous consoler, quand cela nous touche et nous fait du bien, mais que nous ne sommes pas prêts à recevoir leurs paroles ; alors nous nous écartons, pour un temps du moins.

Mais la solitude choisie reste consolante par le lien, par le sentiment de la présence à distance : être avec les autres mais pas au milieu d'eux, demeurer un peu à l'écart ; sentir qu'on a sa place, mais rester seul pour digérer et comprendre, puis choisir le moment de s'approcher et dialoguer.

Cette consolation à distance est parfois plus puissante encore que la consolation de proximité. Parce que nous l'imaginons, en la nourrissant de ce mélange détonnant de notre détresse et de la certitude de l'amour qu'on nous porte, cette consolation imaginaire est parfaite, plus que ne peut l'être une présence.

Gustave Thibon éclaire ce phénomène étonnant : « Présente, tu tiens dans tes limites, tu n'es que toi-même et le reste de l'univers me distrait de toi. Absente, tu es partout, comme Dieu ; rien ne te contient et tout t'évoque. Cela m'aide à comprendre l'absence omniprésente de Dieu[16]. » Absence omniprésente, aussi, de l'amour qu'on nous porte, lorsque nous avons choisi d'être seuls. Lorsque les autres que l'on aime et qui nous aiment sont au loin, ils sont partout en nous, et constamment. C'est pourquoi, mais c'est une autre histoire, l'amour peut se nourrir de la distance et en sortir bien souvent régénéré. Nettoyé de toute forme de possessivité, d'attachement toxique. La consolation à distance est, pour sa part, nettoyée de toute maladresse : ses fantômes sont bienveillants et ne commettent jamais d'impair.

Humains consolants

Il y a, enfin, la consolation des autres quand ils nous inspirent par leurs paroles, leurs manières de vivre, même si ces paroles ne nous sont pas adressées, même si ces manières ne nous sont pas destinées.

Le poète Christian Bobin nous délivre sans cesse une telle parole consolatrice, comme dans cet entretien avec le journaliste fou de livres, François Busnel[17] :

> FRANÇOIS BUSNEL : Et les jours où il n'arrive rien, comment les vivez-vous ?
> CHRISTIAN BOBIN : Ce sont des jours où je dois avoir une tête un petit peu renfrognée, chiffonnée. Une tête comme un papier froissé. Alors j'attends. Tout simplement, j'attends. Sans impatience. C'est la seule sagesse que je me connaisse.
> F. B. : L'attente, une sagesse ?
> C. B. : Oui, l'attente. Parce que je sais, d'expérience, que les portes fermées vont se rouvrir.

Mots simples, mots forts : « Les portes fermées vont se rouvrir. » Lus dans la peine et dans la grâce d'un moment de réceptivité, ils peuvent faire naître en nous une petite buée de réconfort.

On peut aussi être consolé par les histoires d'autres humains qui traversent les mêmes peines et s'efforcent de continuer à vivre de leur mieux. Consolé par ce qu'on voit des personnes affrontant avec calme et intelligence des maladies mortelles, des deuils ou des handicaps : non pas consolé parce que soulagé (« Ouf, ce n'est pas tombé sur moi ! ») mais consolé parce qu'inspiré (« Quelle force et quelle dignité ! Que puis-je leur emprunter ? »).

Oui, la consolation est une remise en lien avec le genre humain, capable d'apaiser tous nos chagrins. Comme vous, je suis souvent attristé par le spectacle de nos brouilles, d'une personne à l'autre, d'une famille à l'autre, d'un pays à l'autre, d'une religion à l'autre. Découragé. Désolé. Affligé parfois. Et puis arrive une histoire qui me réjouit et me console.

Celle qui suit, je l'ai entendue lors d'un colloque, racontée par un homme lumineux, le frère Guillaume[18] : il est missionnaire au Bangladesh et il explique que la plupart des musulmans qu'il croise, dans les quartiers pauvres où il œuvre, vivent leur foi sans intégrisme, comme une culture, une tradition, une identité, un ensemble de règles de vie simples allant vers l'accueil et la bienveillance. Un jour, un de ses voisins, admiratif de sa bonté et de sa générosité envers les démunis, lui dit : « Vous, les chrétiens, vous êtes de vrais musulmans ! » Parole de fraternité, drôle et sincère.

Me voilà consolé, remis en confiance quant à l'avenir de l'humanité, grâce aux êtres de bonne volonté. Qui sont les plus nombreux, à l'évidence, mais aussi les moins bruyants, les moins visibles. Parfois je m'agace contre notre cerveau si sensible aux alertes et si aveugle au bien. Et puis je me dis que ce sont eux, les bienveilleuses et les bienveilleurs, qui gagnent toujours, à la fin ; même si la fin est parfois longue à venir...

La remise en lien avec soi : se consoler soi-même

« Il faut s'appliquer à se consoler, au lieu de se jeter au malheur comme au gouffre. Et ceux qui s'y appliqueront de bonne foi seront bien plus vite consolés qu'ils ne pensent[19]. » J'aime bien ces mots du philosophe Alain. Et j'aime ce verbe qu'il utilise : « s'appliquer », un peu désuet, rappelant l'école (s'appliquer à bien écrire dans son cahier), évoquant des efforts malhabiles, pas toujours faciles.

Dès qu'on est remis du coup pris sur la tête, mieux vaut se réconforter que se laisser glisser ; et préférer la consolation à la rumination. Faire de son mieux, en tout cas, pour tourner son âme dans cette direction. En attendant que les secours viennent, on peut bien souvent se préparer à accueillir la consolation venue du dehors, en s'efforçant – pardon : en s'appliquant – à la consolation venue du dedans.

Autoconsolation

C'est un matin où je n'ai pas le moral. Tristounet. J'ai mes raisons, bien sûr, des soucis bien réels. Mais qu'est-ce que ça va changer de me traîner toute la journée avec un cafard dont je pres-

sens qu'il va s'installer durablement dans mon esprit si je ne fais rien. Pourquoi ? Parce que mon cerveau est très doué pour ça, la rumination, le ressassement d'humeurs négatives et de pensées tristes ; si je lui lâche la bride, il va y aller à fond, surtout qu'en ce moment il a du carburant : de vrais soucis, pas seulement un spleen tombé du ciel alors que tout va bien. Et une fois que la tristesse démarre – je connais ça à la fois en tant qu'humain et en tant que thérapeute –, ça peut durer des heures, parfois des jours.

Alors je décide que non, je vais me rebiffer, m'autoconsoler ! Oui, j'ai des soucis. Non, je ne veux pas en plus les ressasser toute la journée. Je vais au moins essayer. Je sais que lorsque nos inquiétudes ou nos coups de déprime ne sont pas trop intenses, on peut éviter de s'y laisser glisser, par de petits efforts à notre portée...

Programme simple : d'abord sourire, doucement, en me disant qu'il y a eu, qu'il y a encore et qu'il y aura sans doute demain plein de belles choses dans ma vie. Bouger : surtout ne pas me vautrer dans un fauteuil et ruminer. Je me lève, je mets un disque de jazz plein d'énergie joyeuse, je chantonne à voix haute, j'esquisse un ou deux pas de danse, et je range un peu la pièce autour de moi. Je décide qu'aujourd'hui je grimperai tous les escaliers que je rencontrerai en sautillant et non en me traînant. Puis je me dis que je ferais bien de sortir prendre l'air, quelques minutes, en savourant le fait d'être en vie, même avec mes soucis. C'est mieux que d'être mort et de ne plus jamais en avoir, non ?

Eh bien, ça marche ! Ce matin-là, en tout cas. Oh, attention ! Ces petits efforts ne me plongent pas

dans une joie profonde, ne m'aspirent pas vers une félicité éthérée. Mais ça va mieux, je sens que ça va mieux. Je me suis remis dans la vie. C'est toujours ça de pris. J'en profite pour m'offrir un quart d'heure de méditation en pleine conscience. Ne rien faire, ressentir, observer, savourer ce qui est là, sans attentes. Dans la plainte et le cafard, contrairement à ce que l'on croit parfois, il n'y a pas que du découragement, il y a aussi des attentes. On se dit «si seulement je pouvais ne pas avoir ces problèmes», ou «si seulement je pouvais trouver des solutions». Puis aussitôt après, on désintègre la possibilité d'une issue: «Mais non, il n'y a pas de solutions, il n'y en aura pas, jamais.»
Là, je vois passer ces pensées, espérances et désespérances, et je les laisse filer, s'épuiser, faute de carburant. Leur carburant, c'est ma participation. Je décide de leur permettre d'être là, mais de ne plus participer, ni pour les soutenir («Oui, c'est affreux ce qui m'arrive») ni pour les contester («Il faut absolument que je m'en sorte»). Qu'elles continuent leur cirque sans moi. Pour le moment, je fais quelque chose de plus important: je sens la vie en moi, je sens le monde autour de moi. Et pour l'instant, ça suffit à mon bonheur. Un petit bonheur limité, cabossé, un peu inquiet. Mais un petit bonheur consolé, infiniment plus agréable à éprouver que le cafard du début de journée[20]...

Quels sont les ingrédients de l'autoconsolation ?

Prendre la détresse et le chagrin pour ce qu'ils sont : des états mentaux

Sachant que ce sont aussi des états du corps, qui les trahissent et les traduisent, liés à une adversité. Laisser de côté, pour le moment, l'adversité, la recherche de solutions, si nous n'en avons pas trouvé. Et accepter la réalité de la détresse. Se demander si on veut s'y abandonner, si c'est une bonne idée. Car se permettre de souffler est peut-être une bonne idée, même si c'est dans la tristesse et dans les larmes ; parfois, ces premiers temps de l'abattement sont des moments bienfaisants. Puis, doucement, on peut s'en détacher et s'appliquer à se demander si quelque chose est à notre portée, quelque chose de doux, de simple, à faire ou à vivre.

Remettre de l'ordre en soi

Dans son roman *Michael Kohlhaas* (1810), Heinrich von Kleist nous donne en une phrase cette clé : « Du fond de sa douleur de voir le monde dans un si monstrueux désordre, surgissait la satisfaction secrète de sentir l'ordre régner désormais dans son cœur[21]. » Plus la désolation se présente sous la forme d'un tumulte et d'un désordre illisible et peu compréhensible, plus nous aurons à clarifier nos états d'âme et nos ressentis, à poser des mots (en les écrivant, par exemple) sur ce que nous voyons, ce que nous vivons, ce que nous comprenons ; en sachant qu'il ne s'agit que de repères transitoires, mais de repères tout de même.

C'est souvent une des bases du travail effectué en psychothérapie : aider les patients à réfléchir sur eux, et à remettre de l'ordre et du sens dans ce qui leur arrive ; nommer les événements, identifier leurs réactions à ces événements, voir ce qui alors relève d'automatismes venus du passé, ou de décisions au présent, etc. J'ai toujours été frappé de constater que, le plus souvent, le moment de la consultation était le seul où mes patients prenaient la peine de cette réflexion et d'une remise en ordre intérieure : le reste du temps, ils ne faisaient qu'agir ou se distraire, mais non réfléchir à la conduite de leur vie. Le désordre intérieur n'est pas grave si l'on est heureux, mais il est toxique si l'on est malheureux. Ranger son esprit, c'est comme ranger une pièce quand on a le cafard : cela sert à y voir plus clair, et à se sentir plus léger, moins oppressé.

Sourire dans la tristesse

Lorsque notre esprit est heureux, notre visage sourit. Mais l'inverse est vrai aussi : lorsque nous sourions, cela augmente (un peu) notre bien-être. C'est ce qu'on nomme en langage savant une boucle de rétroaction. Et toutes les études confirment que ce n'est pas une illusion, mais une réalité, cette action douce du sourire sur notre humeur[22]. Faut-il pour autant se *forcer* à sourire lorsqu'on est malheureux, pour combattre son spleen ? Non, bien sûr. Par contre, se *permettre* de sourire, même dans la tristesse, lorsque la vie nous offre un moment touchant, émouvant, attendrissant, ou simplement beau, est une bonne idée. Il s'agit de simplement se laisser aller au sourire, même au sourire un peu mélancolique, celui qui montre qu'on reste ouvert à ce qui est beau, bon, ou simplement amusant, malgré les épreuves que nous traversons.

Les recherches révèlent que les personnes qui se permettent de sourire, alors qu'elles sont en difficulté[23], ou même en période de veuvage[24], sont celles qui vont ensuite le mieux remonter la pente et se réparer. J'insiste (car on entend souvent parler d'injonctions au bonheur ou aux sourires obligatoires) : il ne s'agit pas de se *contraindre* à sourire, mais de *se laisser aller* au sourire, lorsque la vie nous surprend joliment. Rien de plus, rien de moins. C'est exactement comme pour les consolations qui nous viennent du dehors : ne pas nous contraindre à les accepter, à faire semblant d'aller mieux, mais voir s'il nous est tout de même possible de faire le petit effort de simplement les accueillir. Avec le sourire...

Si l'on décide d'alléger sa peine, se tourner alors vers des choses simples, avec l'esprit du débutant

Dans mon récit d'il y a quelques pages, je m'efforce de sourire, chantonner, danser tout seul, bouger... Dérisoire. Mais soulageant, bien souvent : le mouvement suspend la peine, un moment, en partie. Cet abandon au mouvement est consolant, car il nous emmène un peu plus loin, et nous ouvre à plus vaste que nous et notre désolation. Il s'agit de se relier au monde par le corps, et ses besoins simples, qui sont entravés par le chagrin qui nous immobilise et nous fige. Il s'agit de ranimer la vie en soi, comme une petite braise sous les cendres, en soufflant dessus.

La clé, le secret, c'est *l'esprit du débutant*, cette attitude de fraîcheur et de curiosité mentale que les maîtres zen s'efforcent de toujours garder vivante en eux : aborder chaque nouvelle situation, et finalement chaque moment de notre vie, comme une première fois. Cela ne signifie pas vivre dans l'amnésie, ou renoncer à la richesse de ses expériences antérieures, mais s'assurer, par une vigilance renouvelée, que tout ce que nous avons déjà vécu, tout ce que nous connaissons ou croyons connaître, ne soit pas un obstacle à de nouvelles découvertes, de nouveaux apprentissages, de nouveaux approfondissements. C'est pourquoi il est précieux de toujours accueillir et éprouver, de son mieux, les consolations simples, sans les discréditer par avance.

Il n'est pas facile de cultiver cet esprit du débutant dans la désolation, car nous sommes tous des experts de la souffrance, nous en avons l'habitude et l'expérience. Alors nous pensons que nous sommes aussi des experts de l'art de l'affronter, de la dépasser. Et nous anticipons souvent : « Inutile, ça ne marchera pas. » Mais nous nous trompons, à chaque fois que nous n'expérimentons pas. Nous sommes plus souvent des prisonniers de nos habitudes et de nos automatismes étroits que de véritables experts, capables de choisir lucidement parmi une multitude de stratégies et d'attitudes autoconsolatoires. Régulièrement, nous devons apprendre à regarder avec sincérité et admiration comment les plus jeunes, les enfants parfois, réagissent à la peine, car c'est bien sûr chez eux que l'esprit du débutant se rencontre spontanément.

Je me souviens des obsèques d'une amie, morte jeune d'un mal foudroyant : lors de son enterrement, ses très jeunes enfants, de 4 ou 5 ans, jouaient au milieu des tombes avec les cousins de leur âge. Je ressentais une immense compassion pour eux : « Les pauvres innocents, ils ne pleurent pas parce qu'ils ne comprennent pas. » Mais j'éprouvais aussi de l'admiration pour leur vigueur simple, pour la force de vie qui émanait d'eux ; sans l'avoir peut-être vraiment choisi, ils avaient décidé que ce temps n'était pas le temps de la peine mais celui du jeu ; qu'auraient ajouté leurs larmes à ce qui se passait ?

Se contraindre aux pensées consolantes

Ne surtout pas attendre qu'elles surviennent toutes seules ! Nous appliquer à faire venir ces pensées, même sans y adhérer émotionnellement, c'est comme ouvrir les fenêtres dans une pièce sombre : même si on ne se penche pas à la fenêtre pour admirer le soleil ou le ciel en poussant des cris de joie, la lumière entrera et nous fera, quand même, du bien !

Lors d'une thérapie cognitive (dans laquelle on observe avec attention toutes ses paroles intérieures), on appelle ces pensées consolantes des « pensées alternatives ». Il s'agit de proposer une alternative à nos certitudes négatives. D'installer à notre esprit, un peu en force, des autoconsolations, en réponse à nos inquiétudes : « Imagine que ce que tu crains n'arrive pas, que tout s'arrange, comment te sentirais-tu alors ? Mieux ? Oui ? Mais tu ajoutes aussitôt qu'*en vrai* ça ne se passera pas comme ça ? Non : *en vrai*, tu n'en sais rien ! Lâche donc cette inquiétude, qui n'est qu'une hypothèse, et attends de voir et de savoir, pour commencer à souffrir. »

Évidemment, notre cerveau désolé n'adhère pas si facilement à cette vision élargie, à ce fonctionnement sage et équilibré de notre débat intérieur sur la vie ! Il faut l'y efforcer, et surtout l'y entraîner : pour ma part, cela m'aura pris de longues années avant d'arriver à faire régner plus tranquillement et plus souvent la démocratie dans mon esprit.

Freiner le gris

Encore une période de spleen. Soucis médicaux, soucis pour des proches, soucis matériels. Je sais que j'y survivrai (la preuve : j'écris ces lignes). Mais j'ai du gris dans la tête, qui n'a qu'une envie : devenir du noir, de l'outre-noir. Je pars prendre un train, et sur le trajet, je suis du coup réceptif à tous les petits nids de tristesse que je croise des yeux, comme les tombes du cimetière, que j'aperçois par-dessus les murs, et je pense alors aux vivants que furent ces morts, à leur destin, à mon destin, à notre destin à tous. Je réfléchis à ce mouvement de mon esprit, à ce « leur-mon-notre », c'est-à-dire ce « eux-moi-nous », dont la première partie – « eux-moi » – est dans mon cas automatique (l'ego qui pleurniche et ramène à lui) et la seconde – « moi-nous » –, délibérée (élargir sa peine à celle de l'humanité). Je me sens attristé aussi par les maisons croisées sur le chemin, qui ce jour-là me semblent toutes un peu tristes, un peu moches, un peu décaties. Je passe devant une petite crêperie, grande comme un couloir, où je n'ai jamais vu personne venir manger, et qui a fini par fermer, comme l'indique un petit panneau pauvrement manuscrit sur la porte. Je remarque la mousse sur les murs, j'y vois la rouille du temps, et non une force de vie. Je lève la tête sur les nouveaux immeubles modernes et moches, qui dérobent le soleil à la petite école de l'autre côté de la rue : les enfants vont jouer dans l'ombre, désormais. Il y a d'innombrables activateurs à ma tristesse, et elle ne demande que ça, ce carburant, pour persister encore. Je m'en aperçois, alors je fais de petits efforts pour la contrer, la mettre au régime : je me force à la joie consolante. La crêperie ? Peut-être que les personnes qui s'en chargeaient ont fait un héritage et ont aujourd'hui une plus belle vie que celle qui consistait à attendre les clients ? Et peut-être même que ça leur plaisait quand même, de ne pas avoir trop de clients ? Les petites maisons ? Certes, elles sont moches, mais elles n'empêchent pas leurs habitants d'y vivre heureux ; et pareil pour les immeubles, mieux vaut des gens heureux dans des murs laids, que des déprimés dans de beaux murs.

Résultat sur mon humeur ? Disons… moyen ! Mais cela me fait du bien de m'arracher à la glu du cafard, et je sens que ça freine déjà un peu l'avancée du gris. Je continue, je lève la tête et je cherche le bleu du ciel. J'ai l'impression que la consolation n'est plus très loin, derrière les nuages...

Regarder les bonheurs et les chances des autres non comme des injustices, mais comme des preuves que le bonheur et la chance existent

On s'y efforce, certes, mais alors vient parfois une pensée qui annule tout: « Oui, pour eux, c'est vrai, ça existe; mais pas pour moi. » Ah bon? Et pourquoi? Pour le savoir, il s'agit de rester en vie le plus longtemps possible et voir ce qui se passera demain, dans un mois, dans un an... Je me souviens d'un entretien avec l'écrivain François Nourissier, lu par hasard dans un magazine: vieillissant, atteint de la maladie de Parkinson, il expliquait au journaliste que sa motivation résidait désormais dans « le plaisir simple de durer », de continuer à vivre. À l'époque (j'étais jeune) j'avais trouvé ça triste et restrictif; aujourd'hui je commence à comprendre! Je vois de la sagesse derrière ce qui ressemble à un renoncement: diminuer ses attentes au fur et à mesure que diminuent ses capacités. Face au passage du temps, accueillir en souriant la consolation de chaque jour et de tous les instants. Peu à peu, il n'y aura plus rien de dérisoire dans ce qui nous arrive, juste le goût délicieux de la vie. L'âge nous rapproche des mêmes raisons de vivre, très simples, que celles des nourrissons; ils ont juste la vie devant eux. C'est la seule différence.

Se tourner vers d'autres peines que la sienne

La mythologie grecque raconte l'histoire de Laodamia, qui ne fit l'amour que deux fois avec son mari, Protésilas. La première fois se déroule avant qu'il parte pour la guerre de Troie et qu'il soit tué au combat. Mort, il obtient de quitter les Enfers et de revenir sur terre pour une seule journée auprès de son épouse, afin de la consoler. Ils font l'amour une seconde fois. Après le départ de Protésilas, et son retour définitif aux Enfers, Laodamia se suicide : « De l'homme elle n'a connu que des adieux[25]. »

Lire ou entendre des histoires tragiques peut-il nous consoler ? Oui, mais seulement si ce n'est pas une prescription ou une injonction : « Regarde, il y a pire que toi ! » Seulement si ce n'est pas pour faire taire notre plainte. Il faut que nous allions de nous-même vers ces récits, ou que le hasard les mène à nous, au moment juste. Si c'est une injonction à nous taire au spectacle d'une situation pire que la nôtre, ce n'est pas une consolation. Et toute injonction peut provoquer de la réactance : notre esprit se cabre face à ce qu'il n'est pas prêt à entendre, pour l'instant ; même si cela pourrait lui faire du bien, lui ouvrir les yeux.

La vérité – il y a bien souvent pire que notre peine – n'est jamais facile à accepter… D'ailleurs, est-on vraiment « consolé » par le malheur des autres ? Rejoindre la communauté des âmes en peine nous soulage-t-il ? Ce qui nous touche plutôt, dans le récit d'autres malheurs, c'est l'ouverture à l'universalité des chagrins, et la beauté de cette universalité lorsqu'elle est exprimée par les artistes. Comme dans ces trois vers de Guillaume Apollinaire, qui disent tout du cœur des humains et de leurs inquiétudes[26] :

« Et toi mon cœur pourquoi bats-tu
Comme un guetteur mélancolique
J'observe la nuit et la mort. »

Nous apaisons leur douleur par des mots

Comme la vie des mortels est de toutes parts remplie de calamités et que rares sont ceux à qui il est permis de ne pas s'affliger de leur sort, nul devoir ne survient plus souvent que de soulager nos amis par des paroles de consolation. Et à vrai dire ce n'est pas un médiocre bienfait qu'une consolation à propos et amicale, par laquelle toutes les fois que dans les situations de détresse il n'est pas permis de remédier par des actions à la peine de ceux que nous aimons et voulons aider, du moins nous apaisons leur douleur par des mots. Il faut cependant le faire habilement, de peur que, semblables à des médecins inexpérimentés, nous n'aggravions une blessure encore à vif et toute fraîche au lieu de l'adoucir.

Érasme, *De conscribendis epistolis*[27]

4
CONSOLER AUTRUI

« Le but, c'est d'être heureux. On n'y arrive que lentement. Il y faut une application quotidienne. Quand on l'est, il reste beaucoup à faire : à consoler les autres[1]. »

Jules Renard écrit ces mots généreux dans son *Journal* l'année du suicide de son père. Sans doute songeait-il alors aux liens étroits entre bonheur et consolation : à l'énergie du bonheur qui nous aide à consoler autrui, et au bonheur que donne la consolation à qui la reçoit, comme à qui la dispense.

Comment consoler ?

Dans la consolation, on essaye de faire du bien à quelqu'un qui souffre, avec les moyens du bord, mais pas seulement. Car, pour correctement consoler, il faut aussi une stratégie, selon les auteurs classiques comme Érasme, que nous venons de lire plus haut : c'est un art difficile, dont les règles sont multiples, et dont aucune ne peut garantir le moindre résultat. Alors, même si la consolation relève d'une intuition et d'un élan, existe-t-il un savoir, ou plutôt un savoir-faire, qui permettrait de mieux la prodiguer encore ?

Avant toute chose, rappelons que la consolation offerte s'appuie sur trois piliers :

- la présence (« Je suis là, avec toi, je reste là, je ne te quitterai pas tant que tu auras besoin de moi... »),
- le soutien affectif (« Je t'aime, tu comptes pour moi, et je veux alléger ta peine... »),
- et le soutien matériel (« Je vais te simplifier la vie, de mon mieux... »).

La première est faite d'un silence habité, incandescent. Le deuxième, de paroles simples. Le troisième, de gestes attentionnés et discrets (car il s'agit de ne pas faire peser la nécessité de reconnaissance ou de remerciements sur la personne que l'on console).

Puis il y a tout le reste...

Le bon moment pour consoler

Durant ma carrière de psychothérapeute m'était venu avec le temps l'art du *kairos* : prononcer les bonnes paroles au bon moment. Parfois, très vite, dès le début d'une consultation, il me semblait avoir compris ce qu'il fallait dire ou faire pour aider la personne. Mais peu à peu, j'ai appris qu'il valait mieux pour cela qu'elle ait l'envie, le besoin ou la capacité d'accueillir cette aide. Ni trop tôt : elle aurait eu l'impression de ne pas avoir été écoutée dans sa singularité, l'impression que je déclinais mes gammes de thérapeute. Ni trop tard : la souffrance aurait pu prendre le dessus, et tuer en elle toute forme d'attente et d'espoir, donc de réceptivité.

En thérapie, la parole consolante, aidante, ne peut être ni trop superficielle ni trop solennelle : elle doit être juste, au bon moment, ciselée pour cette personne-là, et pas une autre. Même si l'on dit souvent les mêmes choses, sur le fond (parce que les humains vivent toujours les mêmes peines), même si souvent on encourage au soin et au respect de soi, au pardon, à l'action, on veille à ajuster, toujours, la forme de son discours, à choisir les mots et les images qui vont parler à l'interlocuteur en souffrance. Parce que, le plus fréquemment, ces conseils ne peuvent pas toucher par leur originalité : ils doivent alors mobiliser par leur sincérité et leur exacte adéquation à un instant de réceptivité.

Sans doute la consolation de tous les jours, hors thérapie, entre proches et amis, obéit-elle à des règles semblables ; et peut-être d'ailleurs, lorsqu'un thérapeute console ouvertement, sort-il de son cadre technique pour aller vers une spontanéité amicale, un partage émotionnel, d'autant plus touchants et puissants qu'ils sont inhabituels de sa part.

Une des règles d'or de l'art de consoler consiste donc à ne pas précipiter la consolation, à ne pas se jeter trop vite sur les paroles réconfortantes. Celles-là mêmes qui auraient pu faire du bien après une longue discussion vont choquer ou glisser, sombrer dans l'insignifiance, si elles sont dites trop vite, dans la hâte du soulagement à obtenir. Et on soupçonne alors celui qui console trop tôt (*consolator praecox*) de chercher à se soulager autant qu'à soulager. La consolation gagne parfois à ne pas dire son nom, à avancer masquée. On ne vient pas vers quelqu'un en clamant : « Je vais te consoler de tes peines. » Ce serait prétentieux, imprudent et inopérant.

Voici ce qu'en pensait Sénèque, qui écrivit de nombreuses consolations pour soutenir ses proches et amis endeuillés : « Je savais qu'il ne fallait pas attaquer de front ta douleur, tant qu'en sa nouveauté elle ferait rage, de peur que mes consolations ne risquent de l'exacerber ; de même, quand on veut se soigner le corps, rien n'est plus nocif qu'un traitement prématuré. Voilà pourquoi j'attendais que ta douleur s'affaiblisse toute seule et que, le temps l'ayant préparée en douceur à tolérer des remèdes, elle se laisse examiner et traiter[2]. »

Pourquoi s'embarrasser de toute cette prudence ? Par respect pour la personne à consoler. Elle est endolorie, comme un accidenté polytraumatisé : fragile, ne pas secouer ! La consolation est alors comme une intrusion, une tentative de manipulation, et elle peut faire mal, si elle n'arrive pas dans la douceur et au moment propice ; elle va provoquer souffrances et raidissements, qui bloqueront toute écoute et tout changement.

« Patience et longueur de temps » : les lois naturelles de la consolation

La consolation est un processus de réparation, mais tourné vers la personne et non vers la situation qui la fait souffrir. Elle est un travail d'activation de la tendance naturelle à la cicatrisation psychologique qui existe chez presque tous les humains : l'aspiration à la consolation est là, sous-jacente, qu'il faut simplement ranimer. Cela encore, les Anciens l'avaient compris, comme le notait Dutramblay, poète et fabuliste oublié du XVIIIe siècle :

> « Pour consoler, il faut de la mesure,
> Et dans sa marche lente imiter la nature[3]. »

La patience est nécessaire, chez les consolants comme chez les consolés. Surtout chez les consolants : le consolant propose, le consolé dispose. La patience, c'est une sagesse de la lenteur, une intelligence de l'attente. Elle est nécessaire à la consolation, qui est un processus lent et prudent. Je ne parle pas ici du réconfort qui découle de l'acte ou de la parole réconfortante, je parle de tout le cheminement que représente le « travail de consolation », comme on parle du « travail de deuil », ou, selon le langage des sages-femmes, du « travail » d'une mère qui met un enfant au monde : dans toutes ces situations, il s'agit d'un phénomène naturel que l'on souhaite faciliter par des efforts. Mais ces efforts doivent être conduits dans le bon tempo. Dans les adversités importantes, la consolation n'est d'ailleurs pas un état que l'on atteindrait une fois pour toutes, mais une longue marche vers un bonheur possible et acceptable.

Bien souvent, la consolation est un travail sur le rapport au temps de la personne qui souffre, sur « le temps déréglé de la peine[4] » belle expression du philosophe Vincent

Delecroix, qui rappelle les distorsions du présent, du passé et du futur sous l'effet de la souffrance, comme celles du métal sous l'effet de la chaleur. Toute souffrance génère aussitôt la crainte – et parfois la conviction – de sa durée, parfois de son éternité. Alors, la consolation cherche à desserrer l'étau de douleur dans lequel ce temps figé et distordu maintient notre esprit.

Nous verrons aussi comment, sur toute une existence, les consolations reçues maintes fois pourront peu à peu modifier notre vision du monde. Le temps passant, à force de désolations succédant aux consolations, à force de consolations succédant aux désolations, chacun de nous commence à comprendre ce qu'est l'impermanence, que décrit malicieusement Emmanuel Carrère, dans son récit *Yoga*[5] : « Quand ça va bien, je m'attends à ce qu'à un moment ou à un autre ça aille mal – en quoi j'ai raison –, alors que quand ça va mal je n'arrive pas à croire qu'à un moment ou à un autre ça va aller bien – en quoi j'ai tort. » Mais oui, c'est tellement évident ! Et pourtant, il nous faut souvent des années, non pour le savoir ou l'admettre, mais pour y croire et y adhérer. La succession des désolations subies ouvre nos yeux sur une certitude : la fragilité de notre bonheur. Et la succession des consolations reçues ouvre nos yeux sur une autre certitude : la récurrence de ce même bonheur, et ses éternelles renaissances.

Laisser l'herbe pousser

Je me souviens d'un ami, dont le fils avait fait une bouffée délirante, et que nous avions dû hospitaliser. Angoissé et culpabilisé, il voulait aller vite pour arracher son enfant à la psychiatrie et à la maladie ; et sans doute aussi pour éteindre la morsure de son anxiété et de sa culpabilité. Il tenta même de faire sortir son fils contre le consentement des soignants, ce qui n'aurait pas été une bonne idée du tout. J'essayai de le lui expliquer, rationnellement, jusqu'à ce que je comprenne que je devais d'abord accomplir un détour : lui faire prendre conscience de son chagrin et de sa culpabilité, et l'encourager à les accepter. Puis, et seulement alors, je pourrais le consoler, en lui rappelant que sa détresse était normale, que j'aurais éprouvé la même, et lui donner des informations sur cet univers psychiatrique qu'il ne connaissait pas, en encourageant l'espoir, en faisant baisser son niveau d'anxiété par le temps et l'écoute donnés. Je lui ai dit des choses simples pour l'inciter à la patience, pour qu'il consente, enfin, à ce réel douloureux. Peu après, il me téléphona : « Tu sais, ça m'a fait du bien de te parler. Et tu m'as dit un truc qui m'a beaucoup consolé de mon impuissance à agir et à secourir. Tu m'as dit : "On ne fait pas pousser l'herbe plus vite en lui tirant dessus." C'est ça qui m'a aidé à comprendre que je devais accepter de laisser un peu de temps passer sans m'affoler et sans trop m'en mêler… »

Les mots simples de la consolation

Pour consoler, inutile de viser des stratégies trop complexes : tout commence souvent par une présence, une intention, des gestes et des mots simples. Dans sa correspondance, Flaubert se disait convaincu de l'inévitable maladresse de nos mots dès qu'il s'agit de les rendre consolateurs : « La parole humaine est comme un chaudron fêlé où nous battons des mélodies à faire danser les ours, quand on voudrait attendrir les étoiles[6]. »

La peine brouille les capacités d'écoute de la personne qui souffre ; elle ne peut donc entendre qu'une parole simple. La douleur est allergique à ce qui est inutile et superflu : dans le stress, toutes les fonctions du corps qui ne servent ni au combat ni à la fuite (digestion ou sexualité) sont mises en suspens (d'où leurs perturbations si le stress est chronique). De la même façon, dans la peine, nous écartons tout ce qui n'est pas aidant et consolant. La désolation et la nécessité de la consolation nous ramènent vers la simplicité essentielle de nos besoins. C'est ce que célèbre la chanson de Brassens *L'Auvergnat*, qui raconte tous les petits gestes consolateurs, décisifs et magnifiques, d'une vie humaine :

« Elle est à toi, cette chanson,
Toi, l'Auvergnat qui, sans façon,
M'as donné quatre bouts de bois
Quand, dans ma vie, il faisait froid.
[...]
Toi, l'hôtesse qui, sans façon,
M'as donné quatre bouts de pain
Quand dans ma vie il faisait faim,
[...]
Toi l'étranger qui sans façon
D'un air malheureux m'a souri
Lorsque les gendarmes m'ont pris... »

Le sourire malheureux mais consolant dont parle Brassens n'est certes pas une parole, mais il est mieux que cela, il est un signe à mi-chemin entre parole et corps, comme une *parole du corps*. Quand j'enseignais aux étudiants en psychologie et que je les recevais en stage à l'hôpital, je leur demandais de sourire en accueillant les patients, leur expliquant qu'aucun de ces derniers n'était là par hasard : puisque c'était la souffrance et les difficultés de vivre qui les conduisaient vers nous, avec leurs peines et leurs angoisses, il fallait commencer par les en consoler par la chaleur de notre accueil, avant même d'engager un dialogue.

Le corps et la consolation

Il y a des gens qui n'ont pas peur de prendre quelqu'un dans leurs bras pour le consoler. Ils ont raison, le plus souvent. En général, cela se déroule entre proches, mais un non-proche, affectueux, peut aussi le faire : c'est une question de bon moment et d'intime conviction du consolateur.

Durant mes études de médecine, quand j'étais externe puis interne à l'hôpital, il y avait des « visites » avec toute l'équipe – grand patron, infirmières, assistants, internes, externes –, toute une smalah qui entrait dans chaque chambre puis en sortait, dans un bruissement de blouses blanches. Certains patrons s'asseyaient sur le lit du patient, prenaient un peu de temps pour poser leur main sur ses jambes, le réconforter par un contact. D'autres restaient debout au pied du lit, et ne touchaient les patients que pour les examiner, jamais pour les consoler, ni pour se montrer proches de leur détresse et de leurs angoisses.

C'était une autre époque, et certes, les choses ont depuis commencé à changer, mais la consolation demeure encore une démarche insuffisamment étudiée par les soignants[7]. Ou alors seulement dans le cadre de maladies mortelles, chroniques, incurables[8], dans tous ces moments où la médecine perd sa robe de puissance. Car que reste-t-il à apporter quand on ne peut guérir ? La consolation, qui diminue la souffrance, et joue un rôle souterrain dans l'évolution de toute maladie. Ce rôle semble parfois minime et limité aux yeux des soignants, mais il est généralement ce qui préserve chez les patients l'envie de vivre et de continuer, malgré tout.

On raconte que le neurologue français Raymond Garcin rappelait souvent : « La base de la médecine, c'est l'amour. » Il citait volontiers, à ce propos, la réponse du Prix Nobel de médecine Charles Nicolle à un collègue qui déplorait l'abattement d'un de ses patients : « Lui avez-vous pris la main, au moins[9] ? »

Pour ma part, en tant que psychiatre, je ne touchais presque jamais mes patients, sauf bien sûr lorsque je leur serrais la main pour les saluer. Rarement, quand quelqu'un était en train de se noyer dans ses larmes devant moi, et que mes paroles ne suffisaient plus, je faisais le tour de mon bureau, j'allais m'asseoir à côté de lui et je posais ma main sur son épaule ; je me sentais un peu ridicule, un peu à côté de mon rôle ; alors, je continuais de lui parler doucement, pour me protéger tout de même avec des mots ; sans doute aurait-il été préférable que je me taise.

D'autres fois, quand le patient avait évoqué des moments difficiles et les avait revécus en séance, au moment où je le raccompagnais à la porte, je prenais ses mains dans les miennes, et je lui disais des mots de soutien, de consolation, de fraternité : « Je sais que c'est difficile, mais on va y arriver, prenez soin de vous jusqu'à notre prochaine rencontre... » Des conseils simples, voire simplistes. Mais des années après, les patients me racontaient que ces moments-là, ces mots-là, pauvres, ordinaires, les avaient aidés autant que tout le reste. Cela aurait pu être un peu vexant. Mais c'était éclairant, surtout... Ne jamais croire trop fort à la seule vertu de son savoir, de son expérience ; et laisser parfois parler le cœur.

Bien sûr, entre le corps et la consolation, il y a souvent les larmes. Tout psychiatre a dans le tiroir de son bureau une boîte de mouchoirs en papier. Et quand il sent que les larmes vont couler, il en offre un au patient, ce qui accélère souvent le mouvement vers les pleurs. Les patients s'excusent toujours de pleurer devant nous, comme si c'était anormal, malpoli, faible. Et nous, soignants, de leur en donner le droit : « Vous êtes en train de me parler de choses difficiles, douloureuses, alors c'est bien normal que les larmes viennent, ne les réfrénez pas. »

Nous nous retenons alors de reparler trop vite, de consoler trop tôt avec des mots ; nous essayons de sourire, de hocher la tête, de leur dire, s'ils essayent de recommencer à parler : « Nous avons le temps, nous pouvons nous taire ensemble ; laissez sortir toutes les larmes qui veulent sortir à cet instant. » Consoler, ce n'est pas nécessairement vouloir sécher les larmes, mais ne pas craindre, au contraire, de les laisser couler. Tout en restant à côté, très proche de la personne qui pleure...

On trouve ces belles lignes dans les *Confessions* de saint Augustin, au moment où il s'afflige de la mort de sa mère : « Je lâchais les larmes que je retenais pour les laisser couler autant qu'elles voudraient et en faire un lit sous mon cœur. Il y trouva son repos, car Tu étais là prêtant l'oreille, Toi, et non pas quelque homme qui eût, avec sa superbe, interprété mes pleurs[10]. » Certes, il s'adresse alors à Dieu, et en critiquant « quelque homme » il s'oppose en réalité aux philosophes stoïciens qui écrivaient à son époque des *Consolations* invitant à la force et à la dignité. Mais il dit aussi l'essentiel, en racontant comment l'accueil des pleurs, et non leur interprétation, apaise son cœur.

Les pulls rétrécis

Une mère de famille, fatiguée, se trompe un jour de programme en faisant une lessive de laine dans sa machine à laver. Ses pulls préférés ont ridiculement rétréci. C'est une de ses filles qui les sort et les étend tout de même, perplexe ; elle signale l'incident à sa mère, en riant un peu de l'anecdote ; le reste de la famille rit aussi. La mère a les larmes aux yeux. Seul l'un de ses enfants le remarque ; pour les autres, ce ne sont que des pulls en laine, bons à jeter désormais, c'est agaçant mais il n'y a pas de quoi en faire un drame. L'enfant empathique se lève et prend la mère dans ses bras ; alors, elle pleure en souriant. Les autres enfants sont surpris par ses larmes, et embarrassés : ils n'avaient rien vu, rien compris. Elle remercie l'enfant consolateur. Elle n'avait besoin que de ça pour passer vite à autre chose, pour être consolée de la perte par distraction, par précipitation, de vêtements qu'elle aimait. Ce n'était qu'une petite peine, que personne ne voyait, ou ne prenait la peine de voir, et donc de consoler. Ce n'aurait pas été un drame mais la venue de la consolation a été une grâce, qui a changé le regard de la mère. Au moins pour la journée, peut-être pour plus longtemps ; voire pour toujours.

Tentatives de consolation

Comme tous les soignants, comme tous les auteurs de livres visant à aider, consoler et réconforter, je reçois souvent des courriers : parfois des remerciements, parfois des demandes. Je me sens moralement tenu d'y répondre. Et rien ne me tracasse plus que les lettres de distraites et de distraits qui ont oublié de mentionner leur adresse. Mon cerveau d'anxieux empathique démarre, s'inquiète et se fait embarquer dans des scénarios catastrophes : j'imagine la personne qui m'a écrit, qui s'est confiée à moi, et qui surveille sa boîte à lettres, jour après jour, qui ne voit pas venir de réponse, et qui s'attriste, et que je déçois. Effroi de provoquer du chagrin chez une personne qui en a déjà.

Et même si c'était une lettre joyeuse, une lettre de remerciements, comme nous en recevons aussi, eh bien cela me fait de la peine quand même : je crains que ma non-réponse ne ternisse le bonheur de la personne, qu'elle ne la désole, ne la désenchante, ne la fasse basculer dans le camp des aigris ou des déçus de la vie. S'il vous plaît, si vous m'écrivez, n'oubliez surtout pas votre adresse !

Bref, je m'efforce de toujours répondre, il me semble que c'est mon devoir, mon triple devoir : de soignant, d'auteur, d'humain. Parfois je réponds brièvement, par manque de temps ; parfois je réponds plus longuement, en espérant de tout cœur que mes mots puissent, à distance, aider et consoler.

Voici quelques-unes de ces réponses...

Lettre à une lectrice* atteinte de la maladie de Charcot

En lui écrivant, j'avais compris qu'elle allait bientôt mourir, d'après ce qu'elle me décrivait dans sa lettre. C'est pourquoi je me permets de « l'embrasser de tout mon cœur » : je ne dis jamais ça à mes patients. Mais la tragédie qu'elle vivait me la rendait très proche et je me disais, à tort ou à raison, que mon affection exprimée lui ferait peut-être un peu de bien.

Chère Anne,

Je vous remercie de votre message et de votre confiance envers nous.
J'ai accompagné plusieurs patients atteints de la maladie de Charcot, et plusieurs de leurs proches, et je peux me représenter ce que vous vivez. Je sais, en tant que médecin, que les mots de consolation sont à la fois impuissants et importants, et je sais aussi que vous êtes bien accompagnée.
Je comprends parfaitement votre désir de choisir le moment de votre départ ; il me semble que je raisonnerais comme vous.
J'espère toutefois que vous restez encore sensible aux petits instants de beauté et de joie qui vous sont offerts chaque jour, même labiles, même imparfaits, même incomplets.

---

* Elle est morte aujourd'hui, au moment où vous lisez ces lignes, et à cet instant, vous pouvez suspendre votre lecture et lui envoyer une pensée ou une prière, qu'elle recevra peut-être ; j'aimerais bien, en tout cas. Je l'ai rencontrée à plusieurs reprises et c'était quelqu'un de bien.

Je n'ai pas d'autre conviction à vous délivrer face à cette mort qui s'approche doucement de vous (comme elle s'approche aussi de nous, de manière plus lointaine, du moins en apparence) que celle-ci : nous ne pouvons guère faire autre chose que savourer de notre mieux les bonheurs que nous offre le présent, repenser à nos bonheurs passés et nous réjouir de les avoir vécus. C'est une bien petite liberté, que cette liberté de regarder toutes les lumières de notre vie, d'hier et d'aujourd'hui, toute petite par rapport à l'ombre qui avance. Mais c'est la plus belle qui vous reste, et c'est une liberté à la saveur immense.
Il s'agit de la même chose que dans un deuil : nous ressentons à la fois la douleur de perdre l'être aimé et le bonheur, au fond de nous, d'avoir vécu des moments heureux à ses côtés. Sauf qu'il s'agit pour vous du deuil de votre propre corps, ce qui est encore plus compliqué, douloureux et angoissant. Mais la force et la lucidité que je devine chez vous, entre les lignes de votre message, vont, je le souhaite de tout cœur, vous aider.
Je sais que mes mots sont courts et insuffisants, mais j'espère qu'ils nourriront les convictions et les forces déjà présentes en vous.
Vous êtes dans mes pensées, mes prières et mon affection.

Je vous embrasse, de tout mon cœur.

Christophe André

Lettre à une lectrice endeuillée

Elle ne peut se résoudre à se séparer des objets de son défunt mari et me demande conseil.

Chère Madame,

Je vous remercie de votre courrier et de votre confiance. Cette question que vous me posez, à propos de la conservation, ou non, des objets ayant appartenu à des personnes défuntes est un grand classique de la psychologie humaine : à un moment donné, nous avons toutes et tous à nous y confronter.
Cela a été récemment le cas pour moi lors du décès de ma mère, et je ne crois pas qu'il existe de « bonne » attitude, qui puisse être universelle en la matière : tout dépend de notre personnalité, du lien que nous entretenions avec les personnes défuntes, voire de faits tout simples comme la place dont nous disposons chez nous.
Mais tout de même, c'est trop facile de dire qu'il n'existe pas de recette, alors je vais vous dire ce que j'en pense ; sachez qu'il ne s'agit pas d'une vérité universelle, ni d'une certitude d'expert. Pas de parole d'Évangile en la matière ! Cependant, j'ai observé que la plupart d'entre nous en arrivent souvent à une solution de juste milieu, qui consiste à conserver, exposés à la vue ou rangés dans une « boîte à mémoire », un nombre limité d'objets associés au souvenir de la personne défunte, et évoquant des souvenirs heureux.
J'ai aussi vu des proches constituer une sorte de petit autel, dans un coin de leur maison, avec photos et souvenirs, devant lequel ils viennent se recueillir de temps en temps : en songeant alors aux bons

moments passés avec la personne, en la remerciant de ce qu'elle leur a donné.
Cette dernière solution – cultiver la mémoire des disparus par les pensées plutôt que par la seule accumulation des objets – me semble souvent la plus pertinente.
Mais la meilleure solution sera celle qui aura intuitivement votre préférence, celle qui apaisera un peu votre chagrin, bref, celle qui vous consolera : écoutez votre cœur, il vous mettra peut-être sur la voie.
Mes pensées vous accompagnent.
Prenez bien soin de vous.
Chaleureusement

Christophe André

SMS à une amie plus jeune que moi, qui vient de perdre un enfant

J'ai appris ce drame par un proche. Je suppose qu'elle est désespérée. Je sais qu'elle est entourée. Que lui écrire, à cet instant, pour la réconforter ? J'ai peur de tomber à côté, de déranger, de faire du mal. Mais j'ai envie de lui envoyer un tout petit signe. J'opte pour un SMS. Et je me contente de quelques mots, je ne veux surtout pas faire effraction et m'imposer dans son chagrin. Nous nous aimons bien mais je ne suis pas un de ses intimes ; je ne veux pas non plus lui casser les pieds avec une longue tirade pontifiante. Alors je vais au plus court, au plus simple, à ce qui me semble l'essentiel :

Je pense à toi. Je t'embrasse très fort.

Rien avant (elle sait) et rien après (à quoi bon ?). Je me demande si cela sera un minuscule réconfort, ou un poids de plus ajouté à sa peine. Et je suis soulagé quand elle me répond et me remercie. Tellement soulagé. Pas pour moi, mais pour elle : il me semble que sa réponse montre qu'elle a encore en elle de la vie et de l'énergie...

Maladresses et règles simples

« Je dis toujours aux endeuillés, quel que soit l'être cher qu'ils perdent, qu'ils vont devoir, en plus de leur douleur, se préparer à vivre un étrange phénomène : la vacuité des mots et la maladresse de ceux qui les prononcent[11]. » Cette remarque pleine de justesse et d'expérience de la rabbine Delphine Horvilleur rappelle que s'il est difficile, pour qui veut consoler, de trouver des mots justes, il est encore plus difficile, pour qui se fait consoler, d'entendre des mots inadéquats.

Besoin de consolation, malgré tout

C'est un patient qui souffre d'une maladie chronique dégénérative. Malgré le traitement, son mal progresse, doucement, lentement, mais inexorablement, année après année… Quand il se laisse emporter par ses anticipations et ses inquiétudes, c'est intolérable, insupportable : son avenir est la mort, il le voit clairement ; comme pour nous tous, mais son tour arrivera bien plus vite que chez toutes les personnes de sa génération, proches, collègues et amis… Et ce sera peut-être précédé de souffrances et de handicap, de ce qu'il appelle une « déchéance ». Quand il dit ça, quand il utilise ce terme, je l'engueule, ce qui le fait rire, parce qu'il sait que je n'engueule jamais mes patients, bien sûr, et il apprécie notre complicité autour de cette engueulade.

C'est terrible, ses angoisses, cette certitude de la mort qui s'approche. Ça remplit beaucoup de nos discussions, mais ça ne lui suffit pas, de n'en parler qu'à moi. Alors de temps en temps, il éprouve le besoin de s'en ouvrir à d'autres. Et ce qui l'agace, c'est qu'il sait à l'avance ce qu'il va entendre, ce qu'on va lui répondre. On va lui dire : « Mais non, ça ne va pas forcément se passer comme ça, pas aussi vite que tu le crains ; regarde comme tu es en forme en ce moment ; essaye de ne pas y penser tout le temps… »

En général, ce genre de discours le hérisse. Pourtant, certains jours, il se sent triste et fragile. Il a un besoin enfantin d'entendre quand même ces paroles de consolation.

Parce que ce sont les paroles de l'amour. Même s'il ne les croit pas, même si elles relèvent, comme il dit, d'une logique fausse et erronée, et dénotent une méconnaissance de sa maladie, il sent qu'elles lui font du bien. Cela ne marche que si elles sont prononcées sincèrement, par une personne aimée, et que si cette personne est émue quand elle les prononce. Il perçoit la différence entre une consolation qui part du fond du cœur, poussée par une émotion profonde, et une consolation plus superficielle, plus formelle ; plus angoissée, aussi, parce que, lorsque les gens sont tourmentés par ce qui nous arrive, ils nous consolent mal, trop vite, comme pour se débarrasser, dans le même mouvement, de leur inquiétude

et de la situation. Lui, il ne veut pas que cela soit dit seulement par politesse ou même avec gentillesse ; il veut que les paroles de consolation soient dites avec amour, avec Amour.
Il sait qu'il va y passer, il sait qu'il va descendre du train de la vie avant tout le monde, mais ces paroles lui font du bien. Un tout petit peu ; et dans ces moments, ce tout petit peu, c'est énorme. C'est la petite cale qui l'empêche de glisser, glisser, sur la pente effrayante et vertigineuse du désespoir, qui toujours aspire et attire celles et ceux qui sont très malades, qui vont en mourir, et qui le savent.

Il arrive parfois que les consolations factices, formelles, de surface, comme des formalités à accomplir pour se débarrasser du problème, soient presque pires que le mal. Je n'en parlerai pas ici, et je veux juste dire un mot des malhabiles, des empêchés de la consolation. Le philosophe André Comte-Sponville s'en ouvre dans un de ses livres : « Je n'ai jamais su consoler. Les femmes avec qui j'ai vécu me l'ont parfois reproché, et je les comprends. À quoi bon vivre ensemble, si la souffrance n'en est pas diminuée[12] ? »

En général, les mauvais consolateurs le sont non par indifférence mais parce qu'ils sont empêtrés par leurs propres émotions, qu'ils ont pris l'habitude de réprimer et de verrouiller. Or l'art de la consolation est un art de l'empathie et il nécessite d'accepter ses émotions en écho à celles de l'autre. Pour ma part, j'ai longtemps été paralysé face aux plaintes de mes proches ; si je ne me sentais pas capable de les aider concrètement, alors j'étais stressé, affolé, coincé : que faire, si quelqu'un qu'on aime souffre à cause d'un problème qu'on ne peut résoudre ? Leur souffrance me submergeait, mon impuissance me pétrifiait, l'avenir m'angoissait. Alors que, en tant que médecin, la distance thérapeutique me donnait de la clairvoyance et de l'énergie, et permettait à mon empathie de s'exercer.

Depuis, j'ai fait des efforts, et j'ai fini par comprendre (et par m'appliquer) un certain nombre de règles simples :

1. Tu n'es pas obligé de trouver une solution aux difficultés de tes proches et semblables dans l'adversité, parfois il n'y en a pas d'accessibles, alors il faut te tourner de bon cœur vers la consolation.
2. Commence par écouter et par te contenter d'aider l'autre à comprendre et à clarifier ce qui lui arrive, à exprimer ses émotions, ses inquiétudes ; si c'est possible, pose-lui des questions simples : « Tu te sens comment quand on parle de ça ? Tu te dis quoi ? » ; et ne cherche pas à corriger ou rectifier ses propos.
3. Exprime tout d'abord, à mots clairs, ton affection, et, à mots mesurés, ta confiance en la vie et en la suite.
4. Ne généralise pas, ne parle pas des autres, de toi, mais seulement de la personne que tu as en face de toi et de la peine qu'elle a, à cet instant.
5. N'oublie pas que toute consolation a un effet retard : même si elle semble inutile sur le moment, elle suit toujours un cheminement souterrain qui finira par faire du bien.
6. Rappelle que tu seras toujours là pour offrir ton aide, quelle qu'elle soit. Voilà, maintenant tu as fait ce que tu pouvais, et ce qu'il fallait, le reste ne t'appartient plus…

Et c'est sans doute aussi parce que je suis un ancien cancre, un sous-doué de la consolation, que je garde une tolérance importante, presque une tendresse pour les maladresses commises par qui veut consoler…

Tendresse pour les maladresses

C'est un ami qui passe une IRM hépatique : il a eu un cancer il y a quelques années, et on vient de découvrir sur son foie une image suspecte lors d'un scanner de contrôle. Il se rend à l'examen, mais c'est un vendredi soir. Le manipulateur qui vient lui donner le CD des images lui annonce donc que le compte-rendu médical ne sera accessible que la semaine suivante ; et il commet l'erreur de le quitter sur un « au revoir et bon courage ». Ce « bon courage » évidemment angoisse mon ami : « Et s'il l'avait dit après avoir aperçu des images inquiétantes sur son écran ? Comme il n'est que manipulateur radio, même expérimenté, il n'a le droit de rien me dire, ni en bien ni en mal, mais ce "bon courage" qui lui a échappé, ce n'est pas bon signe du tout... » Et mon ami mouline ça dans sa tête durant tout le trajet de retour chez lui. Quand il raconte l'histoire à son épouse, elle-même s'inquiète et se met en colère, s'agaçant de la maladresse du soignant. Finalement, l'histoire finit bien, l'image hépatique est bénigne et n'a rien à voir avec son cancer. Quand il m'en parle, je reconnais que le manipulateur radio a commis une erreur de psychologie et a mis le feu à ses angoisses, sans le vouloir, sans le savoir. Et je lui explique qu'on dit souvent cela en quittant les patients, si on les sent un peu inquiets (et mon ami était inquiet de devoir attendre ses résultats plusieurs jours). Mais d'un autre côté, je le comprends, ce manipulateur radio : finalement, je préfère un monde où l'on s'efforce de réconforter autrui, même maladroitement, qu'un monde aseptisé, où les soignants ne pourraient plus prononcer que des mots codifiés et neutralisés, appris selon les circonstances : bonjour, merci, au revoir…

Le génie de la consolation

Nombre d'entre nous peuvent faire preuve de maladresse dès qu'il s'agit de réconforter. Mais beaucoup d'autres sont des consolateurs sublimes. Ou, bien souvent, des consolatrices : parmi les plus belles lettres de ce registre que j'aie pu lire, figurent celles de la correspondance de George Sand[13].

George Sand

Dans une lettre qu'elle adresse à son ami Gustave Flaubert, et que vous allez lire ci-dessous, elle fait montre de tout ce qui compose un art abouti de la consolation : compassion pour les souffrances de l'ami, compréhension de ce qui l'afflige, conseils affectueux et admonestations bienveillantes, lucidité aussi sur la réceptivité à tout ce qu'elle suggère... Sand était une femme admirable et généreuse, et il faut garder à l'esprit qu'elle est déjà gravement malade au moment où elle écrit cette lettre à Flaubert ; elle mourra deux ans plus tard.

Nohant, 8 décembre 1874,

Pauvre cher ami,
Je t'aime d'autant plus que tu deviens plus malheureux. Comme tu te tourmentes et comme tu t'affectes de la vie ! Car tout ce dont tu te plains, c'est la vie ; elle n'a jamais été

meilleure pour personne et dans aucun temps. On la sent plus ou moins, on la comprend plus ou moins, on en souffre donc plus ou moins, et plus on est en avant de l'époque où l'on vit, plus on souffre. Nous passons comme des ombres sur un fond de nuages que le soleil perce à peine et rarement, et nous crions sans cesse après ce soleil, qui n'en peut mais. C'est à nous de déblayer nos nuages.
Tu aimes trop la littérature ; elle te tuera et tu ne tueras pas la bêtise humaine. Pauvre chère bêtise, que je ne hais pas, moi, et que je regarde avec des yeux maternels ; car c'est une enfance, et toute enfance est sacrée. Quelle haine tu lui as vouée ! quelle guerre tu lui fais !
Tu as trop de savoir et d'intelligence, tu oublies qu'il y a quelque chose au-dessus de l'art : à savoir, la sagesse, dont l'art à son apogée n'est jamais que l'expression. La sagesse comprend tout : le beau, le vrai, le bien, l'enthousiasme, par conséquent. Elle nous apprend à voir hors de nous quelque chose de plus élevé que ce qui est en nous, et à nous l'assimiler peu à peu par la contemplation et l'admiration.
Mais je ne réussirai même pas à te faire comprendre comment j'envisage et saisis le bonheur, c'est-à-dire l'acceptation de la vie, quelle qu'elle soit ! Il y a une personne qui pourrait te modifier et te sauver, c'est le père Hugo ; car il a un côté par lequel il est grand philosophe, tout en étant le grand artiste qu'il te faut et que je ne suis pas. Il faut le voir souvent. Je crois qu'il te calmera : moi, je n'ai plus assez d'orage en moi pour que tu me comprennes. Lui, je crois qu'il a gardé son foudre et qu'il a tout de même acquis la douceur et la mansuétude de la vieillesse.*

---

* Au masculin, le mot « foudre » désignait un attribut de puissance divine (chez le dieu romain Jupiter par exemple), constitué de plusieurs éclairs stylisés, réunis en faisceau et terminés par des flèches.

Vois-le souvent et conte-lui tes peines, qui sont grosses,
je le vois bien, et qui tournent trop au spleen. Tu penses
trop aux morts, tu les crois trop arrivés au repos.
Ils n'en ont point. Ils sont comme nous, ils cherchent.
Ils travaillent à chercher.
Tout mon monde va bien et t'embrasse. Moi,
je ne guéris pas ; mais j'espère, guérie ou non, marcher
encore pour élever mes petites-filles, et pour t'aimer,
tant qu'il me restera un souffle.

Sand ne se faisait guère d'illusion sur la capacité et l'envie de son illustre et entêté cadet à accepter ses paroles de consolation et à remettre en question sa vision du monde. Mais elle s'efforçait tout de même de le réconforter, comptant peut-être sur le cheminement souterrain de toute parole de consolation. D'ailleurs Flaubert, dans ses dernières années, reconnut s'être trompé en se moquant du bonheur et des bons sentiments, et en sacrifiant sa vie personnelle à son œuvre littéraire (ce qui fit toutefois notre bonheur à nous, lectrices et lecteurs).

François de Malherbe

Autre consolateur illustre et talentueux, Malherbe et sa célèbre *Consolation* adressée à son ami Du Périer, qui venait de perdre sa fille en 1599. Tous les collégiens de France connaissaient autrefois ce long poème, et ses arguments[14] : nous sommes mortels, vieillir n'est pas forcément une chance, moi aussi j'ai perdu deux enfants... Aussi je vous propose une petite visite guidée du chef-d'œuvre de Malherbe, ou du moins de certains passages...

Malherbe identifie le danger, la permanence de la désolation chez son ami :

Ta douleur, Du Périer, sera donc éternelle,
Et les tristes discours
Que te met en l'esprit l'amitié paternelle
L'augmenteront toujours ?

Le malheur de ta fille au tombeau descendue
Par un commun trépas,
Est-ce quelque dédale où ta raison perdue
Ne se retrouve pas ?

Il reconnaît la légitimité de la souffrance de l'ami :

Je sais de quels appas son enfance était pleine,
Et n'ais pas entrepris,
Injurieux ami, de soulager ta peine,
Avecque son mépris.

Mais elle était du monde où les plus belles choses
Ont le pire destin ;
Et rose elle a vécu ce que vivent les roses,
L'espace d'un matin.
[...]
Même quand il advient que la tombe sépare
Ce que nature a joint,
Celui qui ne s'émeut a l'âme d'un barbare,
Ou n'en a du tout point.

Il rappelle que l'amour de la personne défunte ne doit pas pousser à se faire du mal :

Mais d'être inconsolable et dedans sa mémoire
Enfermer un ennui,
N'est-ce pas se haïr pour acquérir la gloire
De bien aimer autrui ?

Il explique que lui aussi a souffert d'un tel deuil, et qu'il s'en est sorti :

De moi, déjà deux fois d'une pareille foudre
Je me suis vu perclus ;
Et deux fois la raison m'a si bien fait résoudre
Qu'il ne m'en souvient plus.

Il encourage à renoncer aux ruminations :

Non qu'il ne me soit grief que la tombe possède
Ce qui me fut si cher ;
Mais, en un accident qui n'a point de remède,
Il n'en faut point chercher.

Il rappelle que nul n'est à l'abri et invite à l'acceptation :

La Mort a des rigueurs à nulle autre pareilles.
On a beau la prier,
La cruelle qu'elle est se bouche les oreilles,
Et nous laisse crier.

Le pauvre en sa cabane, où le chaume le couvre,
Est sujet à ses lois,
Et la garde qui veille aux barrières du Louvre
N'en défend point nos rois.

De murmurer contre elle et perdre patience,
Il est mal à propos :
Vouloir ce que Dieu veut est la seule science
Qui nous met en repos.

Malherbe était, selon ses contemporains, un homme rude et exigeant. Sans doute qu'en le lisant aujourd'hui on se dit qu'un tel discours est parfait en théorie, mais qu'il ne peut être efficace, ou guère, lorsqu'on est dans la désolation. Son intention n'est pas le réconfort émotionnel, mais plutôt le rappel d'une philosophie de vie face à l'inévitable, à l'instar des consolations stoïciennes de l'Antiquité. Nul doute que les humains qui tirent les meilleurs leçons de ce genre de discours sont ceux qui ne sont pas, ou pas encore, endeuillés, et que ce type de consolation agit mieux de manière anticipée, comme un vaccin proposé avant la maladie, plutôt que comme un remède lorsque le chagrin nous submerge.

Plutarque

Mais nous devons toujours être prudents, lorsqu'il s'agit de comprendre la peine de ces auteurs du passé. Bien sûr, ils commencent toujours leurs discours consolateurs par une façade officielle, incitant à la sobriété et à la dignité, comme dans la célèbre lettre de Plutarque, philosophe grec de l'Empire romain, à son épouse Timoxena, après la mort de leur fille, qu'il apprend alors qu'il est en voyage loin de Rome[15] :

Je ne demande qu'une chose, ma chère femme, c'est que dans la souffrance, nous gardions, toi et moi, notre sérénité. Pour ma part, je sais et je mesure toute l'étendue de notre perte ; mais si je te trouve abandonnée à une douleur excessive, j'en serai plus peiné encore que du malheur même qui nous est arrivé.

Mais peu à peu, on voit Plutarque s'ouvrir aux émotions :

Et, pourtant, je ne suis "ni de chêne ni de pierre", tu le sais bien, toi avec qui j'ai partagé l'éducation de tant d'enfants, tous élevés par nos soins dans notre maison ; je sais également quelle joie extraordinaire cela avait été, pour toi, d'avoir une fille, que tu désirais après la naissance de quatre garçons, et pour moi, d'avoir l'occasion de lui donner ton nom. Un charme tout particulier s'attache, en outre, à l'amour que l'on porte aux enfants d'un âge si tendre : la joie qu'ils nous donnent est si pure et si libre de toute colère et de tout reproche !

Et l'évocation qu'il fait, à ce moment, de leur fille devient précise et touchante :

La nature avait donné à notre fille une amabilité et une douceur merveilleuses ; sa manière de répondre à notre tendresse et son empressement à faire plaisir nous ravissaient tout à la fois et nous révélaient la bonté de son caractère ; ainsi, elle demandait à sa nourrice de présenter et de donner le sein, non seulement aux autres enfants, mais encore aux objets personnels et aux jouets qu'elle aimait ; comme si elle invitait par bonté, à sa table particulière, en quelque sorte, les choses qui lui donnaient du plaisir, pour leur communiquer ce qu'elle avait de bon et partager avec elles ce qu'elle avait de plus agréable.

Puis les incitations stoïciennes reprennent le dessus :

Je ne vois pas, ma chère femme, pourquoi ces traits et tant d'autres qui nous charmaient de son vivant susciteraient en nous aujourd'hui l'affliction et le trouble, quand nous venons à y penser. Je craindrais bien plutôt, au contraire, qu'avec la douleur le souvenir ne s'en effaçât en nous...

Céline, dans son *Voyage au bout de la nuit*, met en scène la découverte, par son héros et alter ego Bardamu, de cette *Lettre de consolation* de Plutarque à sa femme, son admiration devant leur dignité dans le chagrin, son étonnement devant sa raideur apparente, puis son cri du cœur : « Enfin, c'était leur affaire à ces gens. On se trompe peut-être toujours quand il s'agit de juger le cœur des autres. Peut-être qu'ils avaient vraiment du chagrin ? Du chagrin de l'époque[16] ? »

Juliette Récamier et François René de Chateaubriand

Et puis, sur le registre de l'autoconsolation, il y a les dernières lignes des *Mémoires d'outre-tombe*, ce monument de la littérature française, dont on sait, par leur manuscrit, que Chateaubriand les rédigea d'un trait, sans aucune reprise ni rature :

En traçant ces derniers mots, ce 16 novembre 1841, ma fenêtre qui donne à l'ouest sur les jardins des Missions étrangères est ouverte : il est six heures du matin ; j'aperçois la lune pâle et élargie ; elle s'abaisse sur la flèche des Invalides à peine révélée par le premier rayon doré de l'Orient ; on dirait que l'ancien monde finit, et que le nouveau commence. Je vois les reflets d'une aurore dont je ne verrai pas se lever le soleil. Il ne me reste qu'à m'asseoir au bord de ma fosse ; après quoi je descendrai hardiment, le crucifix à la main, dans l'éternité[17].

Chateaubriand ne mourra que sept ans plus tard, mais il savait que sa vie était désormais derrière lui, et comme tout humain, devait être triste et inquiet à l'approche de sa disparition. Alors, sa manière à lui de se consoler fut de clore son chef-d'œuvre (qui ne fut publié, selon ses volontés, qu'après sa mort) par une mise en scène de son départ *à l'antique*, théâtrale et magnifique.

Après avoir couru le monde, il finit sa vie paralysé, et Victor Hugo raconte, dans ses *Choses vues*, qu'il se faisait conduire chaque jour au chevet de sa vieille amie, Mme de Récamier, qui était devenue aveugle : sans doute se consolaient-ils l'un l'autre, en évoquant les beaux jours passés. Mais laissons plutôt la parole à Hugo, témoin de ces moments :

« M. de Chateaubriand, au commencement de 1847, était paralytique ; Mme Récamier était aveugle. Tous les jours, à trois heures, on portait M. de Chateaubriand près du lit de Mme Récamier. Cela était touchant et triste. La femme qui ne voyait plus cherchait l'homme qui ne sentait plus ; leurs deux mains se rencontraient. Que Dieu soit béni ! on va cesser de vivre qu'on s'aime encore[18]. »

Ça se passe en enfance

Ça se passe en enfance, mais nous avons nos corps et nos visages d'adultes. J'ai l'impression que nous sommes dans une école maternelle à Toulouse, dont j'ai de vagues souvenirs. Nous sommes plusieurs, blottis dans un placard, nous efforçant de rester absolument immobiles et silencieux, comme lors d'une partie de cache-cache ou de colin-maillard, n'osant respirer de peur qu'on nous trouve. Sauf que là, c'est sérieux, parce que c'est la Mort qui nous cherche. Le placard est devenu immense, elle est entrée, elle est invisible mais nous savons qu'elle est là. Elle tâtonne, comme une aveugle, pose ses mains tout à côté de moi, mais trouve soudain quelqu'un, un peu plus loin, et l'emporte en silence. Les autres pleurent, j'essaye de les consoler ; parce qu'ils me font pitié et parce que j'ai peur, aussi, qu'elle ne nous entende et ne revienne. Mais ils me repoussent, ils veulent continuer à pleurer. Je me demande comment je pourrais arriver à les consoler, j'ai envie qu'ils arrêtent : pourquoi ne veulent-ils pas de mon réconfort, pourquoi veulent-ils continuer de pleurer, de trembler ? Et c'est ça qui me réveille : mon étonnement et ma colère de les voir refuser mes consolations ; mon incompréhension aussi, puisqu'en s'obstinant à chouiner, ils vont tous nous mettre en danger…

Un rêve sur la mort, raconté par une amie alors que, préparant ce livre, je questionnais mes proches sur leurs expériences de consolation…

5

RECEVOIR ET ACCEPTER LA CONSOLATION

Tout au long de notre vie, nous recevons beaucoup de consolations. Sans elles, nous ne serions peut-être plus là, ou en bien mauvais état. S'il vous semble ne jamais avoir été consolé, cherchez mieux !

Il est vrai que la consolation fait moins de bruit que l'agression et se remarque moins que l'abandon. De ce fait, elle se mémorise moins. Nous devrions pourtant nous souvenir de toutes les fois où nous avons été consolés, aidés, microconsolés, sans doute bien plus souvent que nous ne le croyons ; nous devrions nous souvenir de toutes les fois où les paroles d'autrui, ou un nuage dans le ciel, ou une inspiration que l'on prend de toutes ses forces, ont fait un peu de bien à l'un de nos chagrins. Nous le rappeler ferait que notre confiance en la vie, en nous, en l'humanité en sortirait grandie.

Mais il est plus facile de se remémorer ses chagrins et ses moments de solitude face à la peine ; la plainte est plus facile que l'hommage. Dommage...

Recevoir la consolation

La consolation est comme un don…

Et il ne nous est pas toujours facile de recevoir un don. Ce qu'explique lumineusement Christian Bobin : « C'est clair : tout ce que j'ai, on me l'a donné. […] Alors, pourquoi parfois une ombre, une lourdeur, une mélancolie ? Eh bien c'est qu'il me manque le don de recevoir[1]. » Ce don de recevoir, il se traduit par la capacité spontanée de ne se sentir ni inférieur ni débiteur envers qui nous console.

Pour les anthropologues, les échanges au sein des sociétés humaines sont souvent fondés sur le principe de la réciprocité : un *don* est suivi d'un *contre-don*[2] ; tout ce qu'on me donne, je dois le rendre sous une autre forme. Et quand on est en détresse, on ne se sent pas toujours capable de contre-don, qu'il s'agisse d'un remerciement ou d'un effort à accomplir pour satisfaire la personne consolante. Parfois aussi, notre peine éteint en nous l'envie ou la capacité d'entrer dans le dialogue que représente un échange consolatoire. Et tout échange suppose une ouverture : « Pour être consolé, laisser l'autre s'approcher ; ouvrir son cœur, même brisé[3]. »

La consolation est comme une greffe...

Et il y a toujours un risque de rejet. Car si l'on y réfléchit, accepter d'être consolé, c'est accepter de recevoir et d'incorporer un élément – la consolation – d'une tonalité opposée à ce qui existe en nous à l'instant présent – la désolation –, c'est accepter de recevoir une incitation à vivre alors qu'on a envie de mourir, une incitation à agir alors qu'on a envie de se blottir dans un coin, une incitation à avoir confiance alors qu'on est dans le désespoir. La consolation peut être ainsi comme un dérangement de l'ordre douloureux qui s'est installé en nous. Qui n'a le souvenir de proches que l'on cherche à consoler, et qui semblent ne reprendre de forces que pour nous repousser, nous démontrer que nos arguments ne valent pas dans leur cas ? Nous arrivons avec nos paroles de consolation, et nous retrouvons éconduits...

Refus de consolation

Dans le passé, j'ai longtemps refusé d'être consolé. Quand mon grand-père est mort, je me souviens être parti pleurer à l'écart dans une allée du cimetière et avoir repoussé un voisin, qui m'avait connu enfant et tentait gentiment de me réconforter, pour m'écarter encore un peu plus loin. À ce refus de la consolation, il y avait de multiples raisons : réticence à ce que ma souffrance se voie (nous n'avions dans la famille aucune culture des larmes ou de la plainte) ; réticence au partage des émotions (au contraire, habitude familiale, là encore, de la répression et de la dissimulation, des émotions négatives comme des positives) ; et du coup, peur de l'ef-

fondrement si je commençais à me laisser réconforter. Se laisser consoler, c'était se laisser aller, et se laisser aller, c'était se mettre en danger. J'ai grandi dans le déni des blessures émotionnelles et la réticence à recevoir la consolation. C'est peut-être une des capacités ou des compétences que je suis allé chercher en devenant psychiatre. Ça a marché : aujourd'hui, je les accepte mieux, les consolations ; je me permets d'avoir les larmes aux yeux devant mes proches sans (trop) me crisper, ni me sentir en danger. Je suis devenu capable (la preuve) de parler de mes fragilités, même si je continue de ne pas aimer les montrer, en direct, sous le coup de l'émotion et de la détresse. Cette trajectoire est celle d'une majorité de personnes de mon âge, qui a grandi dans l'idéal du contrôle de ses émotions. La bonne nouvelle, c'est qu'il me semble que les générations qui viennent sont plus au clair avec tout ça : elles acceptent mieux la fragilité et la consolation. Ce qui les rendra peut-être plus fortes...

La consolation est parfois comme une nourriture dont on veut gaver les endeuillés...

Et il arrive qu'ils n'en veuillent pas. Lorsque nous sommes dans la détresse, nous inquiétons nos proches, et ils se mettent parfois en tête que nous devons absolument absorber l'amour qu'ils veulent nous donner. Dans la désolation, les affligés non seulement ne doivent pas « se manger le cœur » (selon le proverbe d'Érasme, que nous évoquions plus haut), mais ils doivent accepter de se nourrir du cœur offert des autres.

Et plus le drame que nous vivons est grand, plus le risque du gavage de consolation est grand lui aussi. Tout le monde voudrait nous réconforter. À un moment, saturés, nous n'avons qu'une envie : avoir la paix, fuir les consolations et nous réfugier dans un endroit où les humains ignorent notre peine et s'en fichent.

C'est comme si la consolation était une nourriture, comme si elle en suivait le même cheminement : nous devons l'accepter, l'avaler, la digérer, l'assimiler, puis la transformer en énergie vitale. Et comme pour la nourriture, la quantité de consolation que nous pouvons accueillir en nous est peut-être limitée. Une raison de plus, pour qui veut consoler, de le faire avec sobriété, légèreté, simplicité : un mot, un sourire, un geste suffiront à faire du bien sans peser, lors de ces interminables défilés consolatoires que doivent parfois subir les endeuillés.

Accueillir la consolation est une histoire d'attachement

Ce que dit la psychologie de l'attachement, c'est que la manière dont nous avons appris à nous attacher puis à nous détacher de nos parents, ou de nos figures parentales, préfigure beaucoup de nos attitudes adultes, face aux liens et aux difficultés. Il existe trois formes d'attachement pour un enfant :

- Dans l'attachement dit « sécure », l'enfant a appris que ses figures d'attachement étaient fiables, aimantes, qu'il pouvait leur faire confiance, et, de ce fait, explorer son environnement sans crainte : il sera soutenu si quelque chose lui arrive. Il sent qu'il ne faut pas craindre outre mesure l'adversité puisqu'il sera aidé face à elle.

- Dans l'attachement dit « insécure anxieux », l'enfant a une relative confiance en ses figures d'attachement mais redoute de les perdre, et par conséquent, il craint qu'explorer son environnement ne l'éloigne trop de ses bases de sécurité. Il redoute l'adversité et pense qu'il ne peut y faire face sans aide constante et rapprochée.
- Dans l'attachement dit « insécure évitant », l'enfant n'a guère confiance en ses figures d'attachement, ni en personne, donc. Il craint d'explorer son environnement. Et lorsqu'il est confronté à l'adversité, il pense que nul ne pourra l'aider.

Ainsi, une fois devenus adultes, les enfants ont, selon leur profil d'attachement, des attitudes très différentes envers la consolation, à prodiguer ou à accepter :

- Les adultes *sécures* perçoivent l'adversité comme un moment où le lien est une aide et un réconfort : ils consolent volontiers, avec les bons mots, issus de leurs propres émotions ; et ils acceptent et apprécient d'être consolés. Ils sont les *adaptés* de la consolation.
- Les adultes *insécures anxieux* ont un grand besoin de consolation (presque excessif), et sollicitent beaucoup (souvent trop) leur entourage pour en recevoir, encore et encore ; face à la peine d'autrui, ils ont tendance à s'inquiéter et à sur-consoler, à voir des blessures partout chez leurs proches. Ils sont les *insatiables* de la consolation.
- Les adultes *insécures évitants* ont du mal à recevoir toute forme de consolation, et plus encore à exprimer et manifester ouvertement qu'ils l'acceptent, même s'ils peuvent y être sensibles en secret ; mais la consolation est un échange trop intrusif pour eux. Ils sont également peu aptes

à consoler, même les proches qu'ils aiment, par maladresse, mais aussi parce que la consolation leur semble les enchaîner à trop d'engagements et de promesses pour l'avenir, comme si consoler un jour obligeait à consoler toujours. Ils sont les *handicapés* de la consolation (mais ça se soigne).

Recevoir la consolation est un acte d'autobienveillance

L'autobienveillance consiste en un rapport amical à soi-même. Ce n'est pas de la complaisance, elle n'exclut pas la possibilité de l'autocritique et de la remise en question, mais elle amène à les conduire de manière apaisée et constructive, pas pour se faire du mal mais pour progresser, comme on critiquerait un ami, pas pour l'enfoncer mais pour l'aider à réfléchir.

Cette aptitude n'est pas si facile pour certaines personnes, toujours en guerre contre la vie et ses dangers, et de ce fait, toujours en guerre contre elles-mêmes et leurs faiblesses. Elles pensent que la bienveillance est source de mollesse, et que la mollesse est fatale. Elles sont ainsi volontiers dans le déni de la souffrance et de la fragilité : leur credo, c'est qu'il faut « se secouer » plutôt que se laisser aller. Et que le besoin de consolation est un besoin de personne faible...

Burn-out et marathon

Je sens qu'elle va pleurer. Dans moins d'une minute, elle va fondre en larmes, je le vois venir gros comme une maison. Je vérifie du coin de l'œil que ma boîte de mouchoirs en papier est bien là, au coin de mon bureau. La pauvre :

elle a beau être arrivée à la consultation toute souriante, s'efforcer de parler de ses malheurs d'un ton léger et détaché, sa souffrance saute aux yeux. J'ai envie de lui dire d'arrêter ses efforts de politesse (« Je ne dois pas déranger avec mes malheurs »), de lâcher ses vieux réflexes de dissimulation et de self-control. Mais non, je sais bien qu'il vaut mieux qu'elle aille au bout de cette logique absurde de lutte et de refus de sa souffrance et de son chagrin. Une fois qu'elle aura commencé à pleurer, nous pourrons mieux parler. Mais c'est bizarre que, même en rendez-vous chez un psychiatre, on continue de faire semblant, de contrôler de force sa souffrance, alors que s'il y a bien un endroit où on pourrait baisser la garde, c'est ici.

Ça y est, elle s'arrête de parler, le souffle bloqué par la montée des sanglots ; ses yeux se remplissent de larmes, sa bouche tremble ; elle commence à pleurer. Et son premier réflexe, c'est d'en être embarrassée et de s'excuser. Je lui réponds doucement que c'est normal de pleurer quand on parle de choses douloureuses, surtout de choses que l'on cache habituellement. Je la laisse se moucher. Je lui ferais bien un câlin pour la consoler, tellement elle me fait de la peine, mais dans notre métier, ce n'est pas forcément une bonne idée. Alors je me contente d'être gentil, de lui sourire, de la laisser reprendre son souffle.

Elle me raconte sa dépression survenue l'an dernier, liée à un énorme excès d'investissement dans son travail et à un immense déficit de soin de soi. Pendant des années, elle

a travaillé comme une folle, se grisant de son pouvoir et de ses succès, mais négligeant tous ses équilibres de vie. Puis ça a craqué, la dégringolade est arrivée : burn-out, dépression d'épuisement. Elle va mieux aujourd'hui, grâce aux antidépresseurs, mais elle voudrait savoir si la méditation pourrait l'aider à ne pas replonger. Bien sûr, cela pourrait l'aider. Et un peu de travail sur l'autobienveillance aussi.
Avant de fondre en larmes, elle m'expliquait comment, pour se « redynamiser » après son burn-out, elle s'était lancée dans la course de fond et s'entraînait intensivement au marathon. Je lui avais fait part de mon étonnement : après la pression du boulot, elle allait se mettre la pression du marathon ? Était-ce une si bonne idée ? Est-ce qu'il ne fallait pas qu'elle réfléchisse un peu à des activités plus réparatrices, comme le repos, la détente, le farniente ? Qu'elle envisage, plutôt que la « redynamisation », l'idée de récupération, de convalescence, de douceur avec elle-même ?
Mais non, elle ne raisonne pas comme ça. Depuis toujours, elle se met la pression. Quand elle souffre, elle baisse la tête et elle force encore plus. Quand elle craque, elle commence par s'en vouloir, par culpabiliser, par se sentir en échec. Et quand elle va mieux, elle recommence, comme avant.
Nous avons du pain sur la planche[4]...

La bienveillance pour soi, comme pour autrui d'ailleurs, nous conduit à accepter nos souffrances et à ne pas les voir que comme des défaillances, mais comme l'expression de notre humanité. Tous les humains souffrent, ouvertement ou en secret. Et la bienveillance, que l'on donne, que l'on se donne, ou que l'on reçoit, est comme un pansement sur nos blessures : il ne change pas la situation, mais facilite la cicatrisation des plaies émotionnelles et le retour au mouvement de la vie. Enfin, la pratique de la bienveillance pour soi, qui est en elle-même une consolation, nous rend aussi plus aptes à recevoir les consolations des autres, quand nous en avons besoin.

S'ouvrir à la consolation est un acte d'humilité

En tant que médecin, je me suis souvent demandé pourquoi on tend à accepter le soin plus facilement que la consolation. Parce que le premier soulage tout de suite, et pas la seconde ? Ou bien parce que le soin est ponctuel et n'exige pas de nous qu'on s'y engage ou qu'on y participe ; alors que la consolation nous demande un effort : au moins l'écouter, et l'accepter. Et puis peut-être certains consentent-ils au soin plus facilement qu'à la consolation, parce qu'accepter d'être consolé c'est accepter une infériorité, même transitoire. Ce sont les vaincus que l'on console. Les vainqueurs n'ont besoin que d'être soignés, s'ils sont blessés.

Accepter d'être consolé, c'est accepter d'être faible et d'être aidé. La réception de la consolation a un lien avec l'humilité, sans doute. Les narcissiques n'aiment pas qu'on les console (et souvent ne le demandent pas). Certaines personnes n'attendent pas de consolation, mais de l'attention, de l'admiration. Elles veulent être uniques, alors qu'accepter la consolation les banalise, les normalise, les rend ordinaires (du moins le craignent-elles) quand elles voudraient ne pas l'être, grâce à leurs souffrances.

Une histoire d'orgueil et de consolation

Lors d'une réunion amicale, une femme pleure parce qu'un de ses fils, joyeux drille sympathique mais peu fiable, qui habite loin et devait rejoindre tout le groupe pour le week-end, a encore raté son train, sans doute après une nuit arrosée. Une amie essaye de la consoler, en lui disant qu'elle a souvent eu le même genre de soucis avec son propre fils. Mais la femme passe des pleurs à la colère, en disant que ça ne la console pas du tout, et qu'elle se fout du malheur des autres. L'amie a commis une double erreur de stratégie consolatoire : erreur de timing (consoler trop tôt) et erreur de narcissisme (suggérer que cette peine n'est pas unique). La pleureuse ne voulait peut-être pas être seulement consolée, mais d'abord plainte et même admirée. Dans son cas, la maxime « je me regarde je me désole, je me compare je me console » ne marchait pas…

Certaines personnes ne souhaitent, en réalité, ni être consolées ni être conseillées, mais simplement recevoir de l'attention. Lorsqu'on veut réconforter autrui, il importe de ne pas confondre besoin d'être consolé et besoin d'être plaint. Être plaint donne parfois, à certains, du prestige et de la grandeur ; pas être consolé…

On observe souvent que les personnes qui se plaignent, de manière récurrente, tiennent plus qu'il n'y paraît à leur statut de victimes, et veulent, en fait, être admirées pour leur infortune et leur stoïcisme. Il existe en français un vieux mot que l'on n'utilise plus guère : « dolent ». Quelqu'un de dolent, c'est quelqu'un « qui se sent malheureux et cherche à se faire plaindre ». Il est surprenant qu'il n'existe pas de mot pour « qui se sent malheureux et cherche à se faire consoler ». En tout cas, prudence si l'on veut consoler un dolent !

Les inconsolables

Dans la comédie humaine, un peu triste, de la consolation, il est des figures marquantes : les insatiables (qui en réclament toujours plus), les misérables (inconsolés et oubliés) et les inconsolables (qui la repoussent).

Grandeur ou raideur des inconsolables ?

La posture de la personne inconsolable a quelque chose de fascinant. On connaît le vers célèbre de Nerval : « Je suis le ténébreux, le veuf, l'inconsolé[5]... » Et comment ne pas reconnaître la beauté et la dignité tragiques de la figure de l'inconsolable ? Vue de loin, en tout cas.

Mais vue de près ? Comme toutes les radicalités, elle a quelque chose de mortifère, et peut traduire un aveuglement intransigeant. Car de fait, accepter la consolation est parfois compris comme un abaissement, comme une soumission sans panache au chagrin et au deuil ; la consolation, aux yeux de certains inconsolables, s'apparente à une compromission avec le réel, à une transaction avec la vie dans ce qu'elle a d'injuste et d'imparfait. Et c'est pourquoi ils la repoussent.

L'inconsolable cœur brisé des mères endeuillées

Certes, l'inconsolabilité dépend aussi de la violence de la désolation, et c'est pourquoi, malgré les consolations reçues, il persiste presque toujours une part d'inconsolable au cœur des endeuillés. Comme une certitude, après les immenses chagrins, les traumatismes, les pertes irrémédiables, que la vie ne sera plus jamais comme avant. Cette affliction reste vive chez beaucoup de personnes après un deuil. Elle est bien sûr à son plus haut lors de la perte d'un enfant. On retrouve tout au long des récits de l'histoire humaine de nombreuses figures de parents endeuillés, repoussant tout réconfort, comme dans la Bible. Les pères y crient leur peine, ainsi Jacob pleurant Joseph : « Tous ses fils et toutes ses filles entreprirent de consoler Jacob, mais il refusa la consolation[6]. » C'est cependant les mères qui y figurent en plus grand nombre, et c'est souvent chez elles que la plaie semble ne jamais pouvoir se refermer, comme chez Rachel, « qui pleure la mort de ses enfants et ne veut pas qu'on la console[7] ».

Dans un beau témoignage, la journaliste Laure Adler, qui perdit son fils dans sa première année, raconte : « Je suis inconsolable, mais je ne l'ai pas décidé. [...] Au début, on espère que le temps – comme tout le monde s'applique à vous le dire – "arrangera les choses". [...] Dans la réalité, plus les années passent, plus je suis inconsolable. » Elle décrit avec beaucoup de justesse la persistance d'un chagrin souterrain, ravivé par peu de choses (une sirène d'ambulance) ou par rien : « Il m'arrive d'être saisie, à certains moments, par des sanglots irréfrénés, qui remontent du bas du ventre jusqu'à la gorge, sans que je puisse les maîtriser, parfois avec une telle puissance que cela peut me couper la respiration. [...] Cela m'arrive plusieurs fois par an, toujours quand je suis seule, souvent dans le silence. Le reste du temps, je ne sais pas où est mon chagrin[8]. »

Une autre mère endeuillée, Anne-Dauphine Julliand, parle ainsi de son inconsolabilité : « Après l'épreuve, ce n'est pas vie après la souffrance, mais vie avec la souffrance[9]... »

L'inconsolabilité peut n'avoir aucun caractère externalisé, spectaculaire, affiché ; et s'avérer simplement une permanence souterraine d'un chagrin parfois indicible. J'avais lu un jour cette confidence de la philosophe Élisabeth de Fontenay, qui rappelait avoir perdu cinq membres de sa famille proche à Auschwitz, et ajoutait : « Je ne m'en suis pas remise ; je m'en remets de moins en moins[10]. » On peut rester ainsi, en secret, inconsolable de la violence du monde, présente ou passée...

Les refus désespérés de consolation

Mais l'inconsolabilité peut aussi relever d'une lutte acharnée pour rester dans une souffrance que l'on perçoit comme une fidélité (pour les endeuillés) ou une lucidité (pour certains esprits sombres et romantiques). Ce fut le cas de l'écrivain suédois Stig Dagerman, qui nous laissa sur ce thème un livre célèbre, joyau aussi bref que sombre et désespéré, voire vénéneux : *Notre besoin de consolation est impossible à rassasier*[11].

Les sources de son chagrin chronique, et de ses tendances dépressives, résidaient sans doute dans l'abandon très jeune par sa mère. Bien qu'il fût élevé ensuite par son père et ses grands-parents, qu'il fondât lui-même une famille et rencontrât le succès comme auteur, il resta hanté toute sa vie par un violent penchant à l'autodestruction, un chagrin profond et un refus radical de toute forme de consolation : « Avec une joie amère, je désire voir mes maisons tomber en ruine, et me voir moi-même enseveli sous la neige de l'oubli. La dépression est une poupée russe et, dans la dernière poupée, se trouvent un couteau, une lame de rasoir, un poison, une eau profonde et un saut dans un grand trou. »

Dagerman semblait percevoir toute consolation comme une compromission, presque une bassesse : « En ce qui me concerne, je traque la consolation comme le chasseur traque le gibier. Partout où je crois l'apercevoir dans la forêt, je tire » ; « Mais il y a aussi des consolations qui viennent à moi sans y être conviées et qui remplissent ma chambre de chuchotements odieux. »

Son véritable idéal de consolation était celui de la liberté : « [...] il n'existe pour moi qu'une seule consolation qui soit réelle, celle qui me dit que je suis un homme libre, un individu inviolable, un être souverain à l'intérieur de ses limites. » Mais il s'agissait d'une liberté théorique, car parfaite, absolue et solitaire : une liberté impossible à atteindre, donc. Dagerman se suicida à 31 ans, rongé par sa dépression et sans doute aussi isolé et affaibli par son refus radical de tout réconfort.

Certains humains semblent vouloir garder leurs plaies ouvertes, comme fascinés par une forme de logique nihiliste : « *Le quelque chose* a toujours des défauts ; seul le *rien* est parfait[12]. » De même, le *quelqu'un* a toujours des défauts, seul le *personne* est parfait. Alors, s'écrier : « Personne ne pourra jamais me consoler... » représente une parole d'orgueil et de désespoir mêlés. Le moraliste Cioran écrivait ainsi à son ami Liiceanu : « Un grand insomniaque cultive le sentiment extraordinairement flatteur de ne plus faire partie de l'humanité ordinaire[13]. » Était-ce pour lui une manière de se consoler des terribles insomnies qui le frappaient ? Quoi qu'il en soit, ne jugeons pas ces attitudes, chacun fait de son mieux et comme il le peut. Évitons simplement de les reproduire nous-mêmes, ou de les laisser nous égarer : c'est toujours une erreur de se durcir le cœur. C'est pour cela que j'aime cette phrase de Romain Gary : « Le néant ne se place au cœur de l'homme que lorsqu'il n'y a pas de cœur[14]. » Gardons notre cœur tendre...

Consoler, c'est aimer. Et accepter d'être consolé, c'est accepter d'être aimé

« Mot d'une petite fille qui n'a, pour tout jouet, qu'une vieille poupée sale et mutilée. Quelqu'un lui dit : "Comme ta poupée est laide !" Elle prend la poupée, la couvre de caresses et répond en la tendant à son interlocuteur : "Maintenant elle est jolie !" » Ce court récit, raconté par Gustave Thibon[15], nous parle d'une poupée transfigurée par l'affection d'une fillette. Nos chagrins d'adultes pourraient-ils être aussi transformés par l'amour d'autres humains ?

« Nous ne pouvons pas faire de bien grandes choses, seulement de petites, mais avec un grand amour. » Cette citation, attribuée à Mère Teresa[16], est très juste pour la consolation : celui qui la donne en a conscience, il sait qu'il ne peut donner que cela, que rien de concret ne changera, et qu'il ne recevra rien en retour. Et en miroir, celui qui la reçoit est à cet instant pauvre et démuni, et ne peut rien rendre, ou si peu. Pourtant, sur tous ces *presque rien*, la trace de la consolation peut demeurer, pour toujours.

C'est l'amour qui construit ou détruit les humains, celui que l'on reçoit ou celui qui manque, celui que l'on appelle ou celui que l'on donne. Présence ou absence, insuffisance ou excès d'amour : finalement toutes les vies humaines pourraient en grande partie être comprises ainsi.

On se trompe souvent en cherchant l'amour de manière romantique, comme dans cette prière de l'écrivaine Catherine Pozzi, qu'aima Paul Valéry : « Donnez-moi l'amour ou faites-moi mourir[17]. » L'amour passion est parfois une illumination, mais il est bien souvent source de perturbations ou de désolations. Alors que la vérité de ce qui nous console se trouve plus volontiers du côté de l'amour humble et quotidien, un amour qui ne prend pas la pose et ne se hausse pas du col.

« J'aurais beau parler toutes les langues des hommes et des anges, si je n'ai pas la charité, s'il me manque l'amour, je ne suis qu'un cuivre qui résonne, une cymbale retentissante. » Quand saint Paul, dans sa Première Épître aux Corinthiens, célèbre les vertus de l'amour, il ne fait pas référence à l'amour romantique pour une seule personne, mais à la *charité* chrétienne, qui est l'amour bienveillant de son prochain, quel qu'il soit.

Quelque deux millénaires plus tard, Barbara Fredrickson, une des chercheuses en pointe dans le domaine de la psychologie positive, nous tient à peu près le même discours[18] : selon elle, l'amour est « l'émotion suprême », indispensable, et aux bénéfices innombrables. Mais, comme saint Paul, elle nous parle d'une émotion bien plus large, plus vaste, plus profonde et omniprésente que le traditionnel sentiment amoureux. Cet amour a de nombreuses formes d'expression (de la passion à l'affection), concerne presque tous nos semblables, et n'est pas possessif mais oblatif : on y souhaite le bien d'autrui autant ou plus que le nôtre.

Ainsi, l'amour qui console est un amour aux mille visages : les paroles affectueuses d'un proche, le soutien d'un collègue de travail, la gentillesse d'un voisin. Cette émotion simple et bienveillante ne se présente pas forcément sous la forme d'un état stable, de manifestations et d'expressions permanentes, mais d'un phénomène passager, pouvant être réactivé et renouvelé *à l'infini* toute notre vie durant. De ce fait, cette conception de l'amour est à la fois plus vaste et ouverte que notre vision traditionnelle, mais aussi bien plus souple et mobile. Un amour durable entre deux personnes n'est rien d'autre qu'un renouvellement régulier de ces moments de résonance affective. Les émotions ne durent pas, et l'amour pas plus que les autres, mais la répétition de moments d'amour nourrit les relations, les enrichit, les consolide, les rend agréables à vivre et à habiter.

En ce sens, la consolation est donc un acte d'amour, parmi les plus beaux. Qui appartient au registre de la compassion : on s'approche de quelqu'un qui souffre au lieu de s'en éloigner, et on s'en approche affectueusement. D'où la différence avec l'empathie : la compassion c'est de l'empathie et de l'amour. Ou de l'*affection*, si le mot *amour* vous gêne ; le terme d'*affection* est très beau lui aussi !

L'amour nourrit la consolation, qu'il s'agisse des consolants ou des consolés. Pour les premiers, l'amour donne la force de faire le bien, sans soupirer, sans attendre d'effet ou de réciprocité ; en acceptant même coups et reproches, pour avoir mal consolé. Pour les seconds, l'amour donne la force d'accepter les conseils, sans se cabrer. Il s'agit d'accepter la suspension de nos certitudes liées à la souffrance : « C'est moi qui souffre donc c'est moi qui sais ; qui sais ce qui est bon pour moi, ce dont j'ai besoin, ce que les autres doivent me dire, me faire... »

Je me souviens de tous les patients, et de toutes les personnes, qui commencent par répondre « Oui, mais » aux recommandations, qui expliquent de toutes leurs forces que ce n'est pas possible ; et qui finissent par les appliquer, mais des années après... Pourquoi sommes-nous si sûrs de nous, si convaincus de savoir, et nous seuls, ce qui peut nous aider et nous consoler ? Pourquoi la souffrance nous rigidifie-t-elle au lieu de nous assouplir ? Alors, si les conseils prodigués dans une consolation nous gênent, efforçons-nous au moins de ne pas tout rejeter, mais de filtrer : écartons les particules de conseils, si elles nous irritent, et gardons les particules d'amour !

Accepter la consolation : une attitude existentielle

Henry-David Thoreau note dans son *Journal*, en janvier 1860 : « Nous ne recevons physiquement, intellectuellement ou moralement, que ce que nous sommes préparés à recevoir. [...] Nous n'entendons et percevons que ce que nous connaissons déjà à demi[19]. » Et nous n'accueillons la consolation qu'en fonction de notre vision du monde : sommes-nous prêts à accepter que la vie puisse nous blesser ? Ce que raconte notre rapport à la consolation, c'est un peu ce qu'est notre regard sur le monde...

Une dame sur un quai

C'est une scène observée lors d'un voyage en TGV. Durant un arrêt en gare, j'aperçois sur le quai plusieurs agents de la SNCF qui entourent une dame dans un fauteuil roulant, avec une machine pour lui permettre d'accéder au train. La manœuvre se fait vite, et voilà la dame embarquée et installée, en quelques minutes, à l'emplacement adapté pour les personnes handicapées. Je suis impressionné par l'efficacité du dispositif, et je me réjouis pour elle : c'est vraiment bien que tout cela lui permette de voyager, comme tout le monde. Puis je me demande si elle aussi se réjouit, ou si c'est l'inverse ? Finalement, est-ce que toute cette organisation la console un peu de son handicap : « J'ai la malchance d'être paralysée et la chance de vivre dans une société qui s'efforce de m'aider » ? Ou la désole en lui rappelant qu'elle n'est pas comme les autres : « J'aimerais tant prendre ce train sur mes deux jambes, sans mobiliser autant de monde » ? La frontière entre désolation et consolation est parfois une question de regard, comme dans beaucoup de moments de la vie humaine. Il en est de même de toute forme d'aide : faut-il nous réjouir de la recevoir ou nous désoler d'en avoir besoin ? Toute consolation peut ainsi être une désolation…

Nous avons à nous appliquer pour rester consolables dans le chagrin, et c'est beaucoup de travail, malgré la peine et la désolation : ne pas trop s'endurcir, ne pas trop en vouloir aux épargnés ; accepter d'écouter la consolation sans la juger ; accepter de faire confiance, pour se nourrir de l'affection et du soutien proposés, s'en renforcer, sans forcément se sentir contraints de suivre les conseils donnés ; savoir identifier la gentillesse derrière la maladresse…

Accepter de recevoir la consolation, c'est aussi faire quelque chose de très difficile, dont on ne se rend même pas compte sur le moment, mais qui explique certaines de nos réticences : c'est reconnaître que ce qui est perdu ne reviendra peut-être jamais. Accepter l'idée qu'un autre univers vient de naître, que nous n'avons pas choisi, surtout pas, et dans lequel nous allons pourtant devoir évoluer désormais.

L'engagement dans la consolation ne relève donc plus de la guerre contre l'adversité, mais de la paix avec le réel, le destin, le genre humain – règle absolue : n'en vouloir à personne de ce qui nous frappe –, et de la reconstruction. On doit toujours poser un genou à terre pour recevoir le réconfort et la consolation. Et on n'acceptera pas la consolation si l'on est encore en guerre (on a parfois raison de rester en guerre, après tout), si l'on pense que l'on peut encore modifier le réel et reprendre le contrôle.

Pour être consolé, il s'agit de se détacher de soi pour aller vers autre chose que la seule souffrance. Pour être consolé, il s'agit d'ouvrir son regard et d'accepter de voir le monde, et pas seulement son manque ou son malheur, tel qu'il est, tout entier : ses laideurs et ses douleurs, mais aussi ses beautés et ses bontés. C'est alors toute une vision de l'existence et toute une sagesse, peut-être, qui se révèlent dans notre manière de recevoir les consolations...

Telle est ma seule consolation

Telle est ma seule consolation. Je sais que les rechutes dans le désespoir seront nombreuses et profondes, mais le souvenir du miracle de la libération me porte comme une aile vers un but qui me donne le vertige : une consolation qui soit plus qu'une consolation et plus grande qu'une philosophie, c'est-à-dire une raison de vivre.

Stig Dagerman, deux ans avant son suicide en 1954[20]

6
LES VOIES VERS LA CONSOLATION

Dans le psaume 22 de la Bible, on trouve cette expression : « On a mis mon âme dans la bonne direction[1]. » Et c'est exactement ce que nous éprouvons parfois : alors que nous nous sentons perdus dans notre propre vie, une personne, une lecture, une expérience mettent notre âme dans la *bonne direction* ; rien n'est résolu, mais nous comprenons mieux ce que nous avons à faire, nous apercevons le chemin qu'il nous reste à accomplir. C'est à nous désormais d'avancer.

La consolation s'efforce ainsi de mettre notre âme dans la bonne direction ; on ne peut la contraindre à s'y engager, mais on s'efforce de l'amener à porter son regard vers la vie et non la mort, vers le bonheur et non la désolation, vers le sens et non l'incohérence, vers l'harmonie et non le tumulte...

En réalité, il n'y a pas qu'*une* bonne direction, mais une infinité. La consolation est partout : dans la puissance de la nature, dans le mouvement de l'action, dans les bienfaits de l'art, dans le dépouillement de la méditation, dans les histoires que l'on se raconte sur le destin ou le sens de la vie, dans les mystères de la foi ou des visages qui nous consolent depuis l'au-delà...

Les voies de la consolation qui s'offrent à nous sont innombrables. Mais nous seuls pouvons nous y engager : personne ne fera ce chemin à notre place.

La nature, grande consolatrice

En août 1937, pendant la terreur stalinienne en URSS, Evguénia Guinzbourg, militante communiste, attend la sentence des juges lors de son procès politique, bien sûr perdu d'avance. Au lieu de se lamenter, elle relève la tête et regarde au-dehors du tribunal : « Par-delà les fenêtres se dressent de grands arbres sombres ; j'entends avec émotion le murmure secret et frais des feuilles. Je crois l'entendre pour la première fois. Que ce bruissement des feuilles me touche[2] ! » Consolée, malgré l'injustice...

Viktor Frankl, survivant des camps nazis, raconte dans ses souvenirs comment il s'efforce de garder humanité et dignité, et évoque ceci : « Il arrivait, tel soir où nous étions couchés sur le sol en terre battue de la baraque, morts de fatigue après le travail de la journée, nos gamelles de soupe entre les mains, que, tout d'un coup, un camarade entre en courant, pour nous supplier de sortir sur la place d'Appel, uniquement pour ne pas manquer, malgré notre épuisement et malgré le froid du dehors, un merveilleux coucher de soleil[3]. » Consolés, malgré l'horreur...

« [...] le crâne enfoncé, le ventre paralysé, les poumons cicatrisés, la colonne cloutée de vis et le visage difforme », l'écrivain-voyageur Sylvain Tesson est dans sa chambre d'hôpital après un accident : « Un arbre par la fenêtre m'avait insufflé sa joie vibrante[4]. » Consolé, malgré la douleur…

Biophilie et bioconsolation

Il suffit d'ouvrir un livre témoignant de la traversée d'épreuves de toutes sortes pour découvrir que la nature y est souvent une source immense de réconfort. Et que ses bienfaits vont bien au-delà d'une simple fuite d'un réel trop douloureux ; ils relèvent davantage d'une intelligence vitale et profonde, d'un réflexe immémorial.

Se tourner vers la nature lorsqu'on est dans la peine et l'adversité, c'est plus qu'une distraction, c'est une forme de consolation. Qui prend le visage d'une régression, mais consolante : une régression comprise comme un réenracinement. Redevenir des animaux, voire des végétaux, sans mots et donc sans maux superflus. Etty Hillesum écrit ainsi : « Il faut devenir aussi simple et aussi muet que le blé qui pousse ou la pluie qui tombe. Il faut se contenter d'être[5]. » En quittant le monde du mental, on découvre qu'on peut quitter parfois l'univers de la *souffrance* mentale et se contenter d'affronter l'adversité qui est là, sans en rajouter par nos pensées.

À la source de l'amour des humains pour la nature, se trouve la *biophilie* : ce sentiment obscur et profond que notre place est là, et que s'y trouve aussi l'essentiel de ce qui peut nous nourrir, nous porter, nous réparer, nous consoler. L'au-delà est peut-être magnifique, tout y sera peut-être restauré et réparé, toutes nos blessures y seront peut-être guéries pour toujours ; mais l'ici-bas est consolateur…

Les consolations de la nature vont au-delà d'une aide ponctuelle, liée à un instant de soulagement offert par sa contemplation. Elles s'exercent aussi sur la durée, pour tenir bon face à une adversité prolongée, comme le raconte Rosa Luxemburg[6] :

Lettre du 15 mars 1917 :

Et puis, crois-moi, le temps que je passe actuellement sous les verrous – comme tant d'autres d'ailleurs – n'est pas non plus perdu. Il apparaîtra d'une façon ou d'une autre dans le grand équilibre des comptes. [...] Et à la fin, sans doute, tout s'éclaircira [...] ; après tout, je me réjouis déjà tellement de la vie. [...]
Tous les jours je rends visite à une toute petite coccinelle rouge avec deux points noirs sur le dos, que je maintiens en vie depuis une semaine sur une branche, malgré le vent et le froid, dans un chaud bandage de coton ; je regarde les nuages, toujours nouveaux et chaque fois plus beaux, et – au fond, je ne me sens pas plus importante que cette petite coccinelle ; et dans le sentiment de cette infime petitesse, je me sens indiciblement heureuse.

Lettre du 20 juillet 1917 :

Ce qui m'intéresse dans ces pavés, c'est la variété de leurs teintes : tous ces rouges, ces bleus, les verts, les gris. Surtout, pendant ce long hiver où la verdure se faisait attendre, mes yeux, affamés de couleurs, ont cherché dans ces pierres des variations et des stimulations. [...]
J'ai couru à la fenêtre et je suis restée figée, comme ensorcelée : dans le gris monotone du ciel, un gros nuage flottait à l'est, d'un rose à la beauté surnaturelle, seul, détaché de tout, comme un sourire ou un bonjour venu de lointains inconnus. J'ai respiré profondément, comme libérée... [...]

S'il y a des couleurs et des formes comme celle-là, alors la vie est belle et digne d'être vécue, n'est-ce pas ? [...] La vie chante aussi dans le sable qui crisse sous les pas lents et lourds de la sentinelle quand on sait l'écouter.

À cet instant de l'histoire de notre planète où la nature est en danger, les études n'en finissent pas de montrer à quel point celle-ci est bénéfique à la santé des humains[7], qu'il s'agisse de la santé du corps ou de celle de l'esprit, bien sûr étroitement liées. Mais elle est aussi consolante : avec douceur, elle élargit notre attention en dehors de notre peine ; elle nous offre un sentiment d'appartenance à plus grand que nous ; elle nous expose à une beauté sans tapage... Bref, rien d'étonnant à ce qu'elle nous aide, même lorsqu'on est déprimé, à alléger notre tristesse[8] et à faire naître en nous des ressentis apaisés[9].

La nature nous reconnecte à son temps long, un temps tranquille qui est aussi mobile et changeant ; alors que la souffrance nous emprisonne dans un temps présent immobilisé et figé dans la douleur. Cette forêt, cette mer, cette montagne, ce ciel étaient là avant nous, seront là après nous. Cela pourrait nous désespérer, mais cela souvent nous console. Pourquoi ? Parce que nous percevons que la nature ne nous est pas extérieure (sinon nous éprouverions détresse et sentiment de solitude) mais intérieure : nous lui appartenons, elle nous englobe, nous sommes un rejeton de son immense famille. Elle est notre moi élargi à l'infini. Elle ouvre notre attention à autre chose que nous et notre condition humaine : « C'est dans la mesure où je me sépare du monde que j'ai peur de la mort, dans la mesure où je m'attache au sort des hommes qui vivent, au lieu de contempler le ciel qui dure[10] », écrit Albert Camus.

Apaisement des cimes

C'est un matin d'été, chez des amis, à l'aube. La maison dort encore, je sors sur le balcon, le jour se lève, je suis seul avec le ciel, les montagnes et le grand lac calme qui semble encore somnoler, lui aussi ; des rumeurs lointaines de voitures commencent à monter de la route qui traverse la vallée et parviennent jusqu'ici, étouffées : les frères humains se remettent à s'agiter… Cet endroit du monde, à cet instant, respire la sérénité. Je m'en nourris, je fusionne avec elle, je me dissous en elle. Je n'existe plus en tant que personne mais en tant que partie tranquille et invulnérable d'un grand tout, je ne suis plus à côté du monde mais dans le monde. J'ai le sentiment alors de n'avoir besoin d'être consolé de rien. Pourquoi une pensée sur la peine et le besoin de consolation à cet instant ? Je l'ignore : peut-être parce que c'est un instant hors du temps, tellement inhabituel et tellement simple, tellement aux antipodes des tourments du quotidien. Peut-être parce que je suis immergé dans LA seule consolation certaine ici-bas : le ressenti de la vie, universelle et éternelle. Je me demande si je suis dans une illusion ou une révélation ; évidemment, pas de réponse ; alors, je me dis que je suis en tout cas dans la certitude d'une sensation, si forte qu'elle répond à tout, à cet instant. La sérénité comme absence de tourments, et absence de besoin de consolation. Pas de peine présente, les peines passées sont comme effacées, les peines à venir, écartées. Ces moments de pleine conscience du monde sont-ils des renforçateurs de notre capacité à vivre et à affronter les adversités à venir ? À cet instant j'en suis persuadé. Comment je me sens? Non pas «fort», parce qu'il n'y a pas besoin de force là où je viens de poser mon esprit. Mais stable, capable, à ma place. Non pas fort, mais avec l'impression de capter une force qui circule autour de moi, de m'en nourrir. Comme il y a des personnes qui nous nourrissent, et d'autres qui nous vampirisent, il y a des environnements qui nous prennent (la ville, ou plutôt l'excès de ville) et d'autres qui nous donnent (la nature, bien souvent).

Réconforts animaux

La consolation peut nous être apportée par les animaux, aussi. L'animal, comme la nature, est d'une tranquille indifférence à nos maux; ou en tout cas à la partie inutile de nos maux: indifférence à leur signification, à leur portée, à nos dramatisations et à nos scénarios intérieurs, inquiets et sombres. L'animal voit seulement notre détresse, et il est capable alors d'intentionnalité affectueuse à notre égard: «Nous devrions rendre grâce aux animaux pour leur innocence fabuleuse et leur savoir gré de poser sur nous la douceur de leurs yeux inquiets sans jamais nous condamner[11].»

Un certain nombre de travaux confirment l'impact sur le bien-être de la présence d'un animal de compagnie, et notamment chez les enfants dans les situations de détresse, du divorce des parents aux situations de guerre, en passant par le confinement lors de la pandémie de Covid de 2020-2021[12]. Mais ces résultats sur les personnes en détresse ne sont pas systématiques: il ne suffit pas de s'acheter un animal de compagnie pour aller mieux ou être consolé; c'est la qualité du lien que nous établirons avec lui sur la durée, la réalité de nos relations, le temps passé ensemble, qui s'avèrent efficients, non la seule possession d'un chien ou d'un chat[13].

Je me souviens d'un ami naturopathe, en phase terminale de son cancer, qui me racontait comment il regardait ses chiens respirer, en somnolant à ses côtés, et comment leur présence, leur amour inconditionnel, leur compagnie constante, calme et sans inquiétude ni sollicitude forcée, comment tout cela le réconfortait. Les chiens nous aiment toujours de tout leur cœur, indifférents à nos revers de fortune, nos échecs, nos abîmes; jamais impressionnés par nos maladies, même mortelles, jamais découragés par nos plaintes ou nos humeurs sombres, prêts à nous accompagner jusqu'à notre dernier souffle...

La consolation peut aussi nous être apportée par les animaux sauvages; le réconfort, par la contemplation du mouvement des oiseaux, ou de celui des insectes. Comme dans ce texte émouvant de l'écrivain Louis-René des Forêts, usé, âgé, en fin de vie, contemplant les mille et une petites bestioles de son jardin, et ému aux larmes – consolé ? – par leur caractère industrieux: « La contemplation de ces vaillantes petites créatures en activité incessante lui fait venir des larmes aux yeux, soit par compassion sénile devant lui-même contraint désormais à l'inaction, soit par l'émotivité devant ce théâtre en miniature de la vie saisonnière où, pour sa part, il n'est animé que par l'absence de tout espoir[14]. » Même lorsque nous sommes brisés et épuisés, le spectacle de toute vie fait renaître un peu de vie en nous...

Ainsi, nous pouvons être consolés par le vol des oiseaux, l'activité des insectes qui butinent, la marche maladroite du scarabée... Parce que nous sommes alors absorbés par ce que nous voyons, et renvoyés à la puissance du vivant.

Un de mes patients, réconforté par la contemplation des arbres, me disait un jour: « Un arbre, ça ne se pose pas de questions ; ça pousse, ça vit, ça fait du bien à tout un tas de bêtes, dont nous ; ça remplit sa mission et puis ça meurt ; parfois, ça renaît, quelque part ; alors on se dit que c'est sûrement pareil pour nous, même si cela nous dépasse… »

Actions et divertissements

« Aussitôt que je sus votre disgrâce, je me donnai l'honneur de vous écrire pour vous témoigner mon déplaisir ; et je vous écris présentement pour vous dire qu'il faut éviter au moins le chagrin, dans le temps où il n'est pas en notre pouvoir de goûter la joie. S'il y a d'honnêtes gens au lieu où vous êtes, leur conversation pourra vous consoler des commerces que vous avez perdus. Et si vous n'y en trouvez pas, les livres et la bonne chère vous peuvent être d'un grand secours et d'une assez douce consolation[15]. »

Dans cette lettre datée de 1674 et adressée au comte d'Olonne, écarté de la Cour et « exilé » à Orléans, Saint-Évremond, guerrier, lettré et homme du monde, propose un programme consolateur qui nous paraît un peu simpliste. Nous pouvons lui accorder des excuses : la psychologie n'existait pas à son époque ; et puis ce programme bienveillant et amical était peut-être adapté aux goûts et capacités du comte. Et il avait la vertu simple de pousser son correspondant vers l'action, le lien et les divertissements...

La désolation nous fige et nous immobilise. Nous sommes programmés ainsi, sans doute par l'héritage de nos réflexes, conçus au départ pour faire face à la douleur physique et pour immobiliser alors le corps, ou la partie du corps en souffrance. Mais la douleur morale nous immobilise aussi, et c'est alors la dimension comportementale de la tristesse qui s'impose à nous : ralentissement, prostration...

Dans la désolation, même si tout commence parfois par les gesticulations désordonnées des lamentations, c'est la tentation du repli et de l'immobilité qui l'emporte le plus souvent et qui aggrave nos ressentis douloureux. D'où le réconfort apporté par le mouvement et l'action.

Les consolations de l'action sont réelles. Même aux extrêmes de la désolation, lorsqu'on sait qu'on va décliner ou mourir, même lorsqu'on a perdu un proche, l'action réoriente notre attention vers une occupation extérieure, là où la souffrance nous détourne du monde qui nous entoure, nous fige et nous ramène toujours à nous-même et à notre peine.

Dans les moments de grands chagrins, l'action est comme un médicament antalgique, qui ne résout rien, mais qui allège la douleur. Piètre consolation, mais apaisement réel. L'action soulage, commence par soulager.

Dans un premier temps, par la vertu de l'acte, on oublie un bref instant qu'on souffre et qu'on est malheureux.

Puis, dans un second temps, quelque chose d'autre peut émerger, qui se rapproche d'une vraie consolation : le seul soulagement, une fois interrompu, nous dépose exactement au même point de tristesse ; la consolation, souvent, nous fait légèrement avancer et imperceptiblement changer. Par quel mécanisme ? Sans doute parce que l'action peut nous permettre une remise en lien, avec autrui dans l'action partagée, avec le monde et avec soi-même par le sentiment d'agentivité (se sentir capable d'être actif sur soi ou sur son environnement), bref, par une forme de reconnexion au mouvement de la vie que le malheur, grande détresse ou simple tristesse, immobilise et fige.

Il arrive que certaines personnes se réfugient dans l'action comme dans une drogue : dans le deuil, beaucoup s'étourdissent de travail ou de sport, jusqu'à l'addiction. Pour oublier toute souffrance. Bien sûr, le bon usage de l'action, dans le domaine de la consolation, n'est pas cette recherche de l'amnésie et de l'épuisement (on fatigue le corps ou l'esprit pour fatiguer sa peine). Mais plutôt un usage de l'action comme moyen de suspendre temporairement le chagrin qui tourne en rond et la souffrance qui affole ; en espérant que le retour vers la peine sera, peu à peu, moins douloureux.

Marcher pour se consoler

Parmi les actions les plus simples et les plus réconfortantes figure la marche : elle nous fait revenir au primitif, à l'essentiel, à l'instant présent. Elle est un soulagement au début, puis une vraie consolation si l'on s'abandonne, dans l'instant, dans chaque pas. La marche réintroduit le corps, la simplicité, l'animalité c'est-à-dire la vie la plus élémentaire et donc la plus *incontestable*... Comme la nature, la marche est bonne pour tout le monde, souffrance ou pas[16]. Mais, comme la nature, elle apporte quelque chose de particulier aux désolés[17] : elle détourne l'attention d'un soi immobilisé dans la souffrance vers un soi qui avance, elle apaise l'inconfort des émotions par la répétition hypnotique des pas, elle transporte au-dehors et contraint à regarder autre chose que les murs de son refuge...

Marcher après l'horreur

Quelques semaines après la libération du camp d'Auschwitz, Primo Levi, pourtant mal en point, arpente avec ivresse les environs de Katowice pour faire entrer la vie dans toutes les fibres de son corps : « J'avais marché pendant des heures dans l'air merveilleux du matin, l'aspirant comme un médicament jusqu'au fond de mes poumons délabrés. Je n'étais pas très assuré sur mes jambes, certes, mais je sentais un besoin impérieux de reprendre possession de mon corps par la marche, de rétablir le contact rompu depuis presque deux ans avec les arbres, l'herbe et la lourde terre brune où l'on sentait frémir les germes de vie, avec le souffle puissant qui charriait le pollen des sapins, de vague en vague[18]. »

Les théories du divertissement dans la consolation

Il arrive que l'on dédaigne cette voie de consolation simple qu'est l'action, tant elle n'a rien à voir avec la source de nos souffrances. Comment marcher pourrait consoler un endeuillé ? Comment jardiner, travailler, pourrait consoler d'un chagrin d'amour, d'un échec cuisant ? Et pourtant... Mieux vaut ne pas porter trop vite de jugements critiques et dissuasifs sur l'intérêt de la fuite dans l'action et de la recherche de divertissements. La tradition philosophique de la consolation les prenait au sérieux. Se divertir c'est aujourd'hui s'amuser, se distraire. Mais avant le XVIIe siècle, le mot, conformément à son étymologie latine (*divertere*) signifiait : « action de détourner de », par exemple détourner un bien dans un inventaire. Le divertissement est une pratique d'esquive, typique de l'existence humaine.

Montaigne parle lui de « diversion » (qui a la même racine). Il s'agit de ne plus penser à quelque chose qui nous afflige, de nous détourner d'une réalité déplaisante. Et d'attendre que la vie vienne à notre secours, que le temps qui passe panse doucement nos plaies. Car le divertissement commence par nous soulager en détournant notre attention de la peine, puis en vient peu à peu à nous consoler en nous remettant dans le monde.

Pour que le divertissement soit consolant, mieux vaut sans doute l'accomplir sans attentes, pour lui-même : c'est ce qu'on appelle une activité *autotélique*, qui n'a pas d'autre but qu'elle-même. On ne marche pas pour aller quelque part mais pour le plaisir (ou la consolation) de marcher.

Et mieux vaut, aussi, l'accomplir *en pleine conscience* ; et non en pleine inconscience, en continuant de penser à autre chose, à ses inquiétudes et à son chagrin. En pleine conscience, c'est-à-dire : délibérément, en lui consacrant sincèrement notre attention et notre énergie, en suspendant tout jugement et toute attente.

Ainsi, une action peut être une simple distraction superficielle de la peine ou, à l'inverse, un travail profond de reconnexion au monde : tout va dépendre du degré de conscience et de la qualité de présence que nous allons y introduire. Par exemple, marcher ou écouter de la musique, cela peut être une distraction, qui nous soulagera un peu mais ne nous transformera guère ; mais cela peut être aussi plus fort et profond si nous accomplissons cette activité en pleine conscience.

Certes, il y a de grandes difficultés parfois à agir dans la détresse, comme c'est le cas lorsqu'on est déprimé, car on a le sentiment d'accomplir des efforts sans être récompensé par le moindre plaisir. Il est difficile dès lors de répéter les actes, de s'efforcer chaque jour, sans savoir ce que cela va donner ; c'est comme marcher quand on est perdu, sans savoir où l'on va, ni si l'on arrivera quelque part, ou du moins dans un endroit réconfortant. C'est pourquoi, lorsqu'on veut réconforter autrui, et qu'on lui conseille de « faire quelque chose », la règle est de s'efforcer de le faire avec lui, à ses côtés, pour l'aider : marcher ensemble, bouger ensemble, avancer ensemble. Action et compagnonnage font toujours bon ménage.

L'art de la consolation

L'art embellit nos vies, mais peut-il consoler nos peines ?

Pendant la Seconde Guerre mondiale, la National Gallery de Londres exposait – à la demande de la population – un tableau par mois, un seul, issu de ses réserves, préservées dans les entrailles de la terre au pays de Galles, pour l'offrir à l'admiration et à l'émotion des Londoniens, qui subissaient les bombardements allemands. Le chef-d'œuvre était toujours accompagné de deux assistants, prêts à l'évacuer en cas d'alerte. Des concerts étaient aussi organisés dans le musée, et son conservateur d'alors raconta ensuite que, lors du concert initial, quand les premières notes de l'*Appassionata* de Beethoven retentirent « ce fut la certitude que toutes nos souffrances n'étaient pas vaines[19] ».

Ce que l'on nomme *art* (au sens de « beaux-arts », de création artistique) est l'ensemble des créations humaines qui visent à provoquer une émotion chez autrui, une émotion plaisante et apaisante (admiration, étonnement, élévation, gratitude, attendrissement…) ou inconfortable et dérangeante (peur, tristesse, colère…). Et si possible une émotion qui modifie notre vision du monde.

Tous ces effets intimes expliquent que l'art puisse jouer un rôle consolateur, que cela soit ou non son objectif au départ.

Pour certains, comme l'essayiste Jacques Attali : « Il n'est aucune émotion, ni littéraire, ni musicale, ni spirituelle, ni intellectuelle, qui ne soit, avant tout, consolation devant le vertige du néant[20]. » L'art serait alors le réconfort ultime à la plus grande de nos angoisses, celle de disparaître un jour.

Je me souviens d'un patient me racontant comment, dans ses moments de grandes souffrances dépressives, écouter une sonate de Mozart ou admirer un tableau de Van Gogh pouvait le soulager : « Savoir qu'ils sont morts aujourd'hui, mais qu'ils me parlent encore, savoir que nous appartenons à la même communauté humaine, qu'ils ont pu ressentir les mêmes souffrances que moi, me console, alors que ça ne règle rien, et que savoir qu'ils ont souffert eux aussi pourrait me faire souffrir plus fort encore. Mais non, leurs difficultés, leur proximité, leur fraternité, je ne peux m'empêcher de les percevoir comme plus consolantes que désolantes. » Que nous ayons toutes et tous le même destin sombre (souffrir, mourir) mais que les plus doués d'entre nous s'en soient extraits pour offrir leur art au genre humain, voilà ce qui peut-être nous aide.

Selon le philosophe Alain de Botton, dans son ouvrage *Art et thérapie*[21], les fonctions de l'art sont de nous redonner espoir, de rendre digne la souffrance et d'élargir notre vision du monde. Il imagine un musée dont les salles ou les étages répondraient à nos besoins psychologiques : salles de l'Amour, de la Peur, de la Douleur, de la Compassion.

Bien sûr, toute rencontre avec une œuvre d'art est spécifique : son impact dépend de notre personnalité et surtout du moment de notre vie où elle a lieu. Une œuvre peut ne pas nous toucher à un moment, puis nous bouleverser des années plus tard. Cependant, certaines créations sont si fortes que l'idée de ce musée est peut-être moins naïve qu'elle n'en a l'air. Et puis les humains se ressemblent bien plus qu'ils ne le pensent, dans leurs manières de vivre leurs bonheurs et leurs malheurs, et d'être émus par le monde.

Mais alors, quelles œuvres présenter dans la salle des Consolations ? Des œuvres qui montreraient des souffrances semblables aux nôtres, qui nous proposeraient des manières de les affronter et de les surmonter, qui nous feraient, aussi, rêver d'autres choses que la souffrance, qui nous parleraient d'amour, d'espoir, d'amitié, qui nous feraient voyager dans le temps ou l'espace ? Il va nous en falloir de la place !

Comment l'art nous console

L'art peut d'abord nous consoler en captant notre attention et en la détournant un moment de nos ruminations : parce que c'est beau, ou inhabituel, ou habituel mais sous un angle neuf...

L'art peut ensuite nous faire éprouver des émotions agréables (admirer, s'étonner, s'attendrir) qui vont affaiblir l'emprise de nos émotions douloureuses. Flaubert, qui était un grand affectif mélancolique, notait ainsi dans sa correspondance : « Je ne suis rien qu'un lézard littéraire qui se chauffe toute la journée au grand soleil du beau[22]. » Pour autant, il n'avait pas une vision de son art comme devant être consolateur, au contraire. Dans sa correspondance avec George Sand, qui fut son amie, leurs visions s'opposent souvent, et cette dernière lui écrit ainsi : « Toi, à coup sûr, tu vas faire de la désolation et moi de la consolation[23]. »

L'art peut aussi nous consoler en nous décentrant de nous-même, en nous mettant en lien avec d'autres humains souffrant, comme nous, ou différemment de nous ; dans ces cas-là, ce n'est pas seulement l'admiration qui nous réconforte, pas seulement le beau, mais le *touchant*, ce qui dans l'art rejoint notre propre peine et, nous le comprenons alors, celle des autres humains. Il y a également le partage de la souffrance et de l'espérance : ainsi le célèbre retable d'Issenheim, du peintre Matthias Grünewald, qui montre le corps supplicié du Christ avec un degré de réalisme jamais atteint, était destiné aux malades de l'hôpital du monastère des Antonins, qui venaient chercher à ses pieds la consolation, sinon la guérison[24].

Certes, il n'est pas toujours évident d'accueillir les bienfaits proposés par une œuvre d'art, notre tristesse leur fait souvent écran. Mais il en va de même de toutes les consolations : il est plus facile de les repousser que de les accepter, plus facile de se dire « inutile, dérisoire » que de s'ouvrir à elles. Les consolations de l'art sont parfois moins accessibles que celles des humains ou de la nature : il faut souvent s'efforcer d'aller à leur rencontre. Mais elles ont aussi un avantage : elles sont toujours là, disponibles, même au cœur de la nuit et de la solitude, et au moins sous la forme virtuelle d'un livre, d'un disque, d'un film.

La lutte de Jacob avec l'Ange

J'avais un jour rendez-vous près de la place Saint-Sulpice, à Paris, avec une patiente qui souffrait d'agoraphobie : comme elle redoutait d'avoir des malaises dans son propre quartier, nous avions planifié des exercices à côté de chez elle, pour lesquels je l'accompagnais afin de lui donner des conseils, sur la manière de respirer, de freiner l'emballement de ses angoisses, etc. Dans la thérapie comportementale, on appelle ça des « exercices d'exposition », et il est très intéressant de les conduire de temps en temps sur le terrain, et non de seulement dispenser des conseils à distance, assis dans un bureau de consultation. Manque de chance, un gros orage éclate alors que nous venons de commencer. Nous nous réfugions dans l'église Saint-Sulpice, toute proche. Là en attendant que la pluie cesse, nous continuons de bavarder de ses difficultés en déambulant dans les lieux. Et nous tombons sur la magnifique fresque d'Eugène Delacroix, sa dernière œuvre, représentant la Lutte de Jacob avec l'Ange. Je connais bien ce chef-d'œuvre, et j'ai l'idée de lui raconter l'histoire qu'elle illustre : dans un sous-bois, près d'une rivière, Jacob est en train de se battre contre un passant, sans savoir qu'il s'agit en réalité d'un ange envoyé par Dieu ; il est seul, toute sa tribu a passé le gué et s'éloigne ; il ignore s'il va l'emporter ni ce qui va lui arriver, mais il combat, obstinément, toute la nuit, contre l'inconnu à la force surhumaine. À l'aube, voyant qu'il ne viendra pas à bout de cet humain opiniâtre, l'ange lui déboîte la hanche, lui annonce que désormais, son nom n'est plus Jacob mais Israël, qui signifie : « celui qui lutte avec Dieu » (et aussi « Dieu est fort ») et le bénit. Comme Jacob, nous sortons souvent boiteux et endoloris des combats de notre vie : transformés et marqués à la fois.

Le temps que l'orage passe, je parle avec la patiente de ces moments dans l'existence où l'on se sent solitaire, parfois abandonné, où l'on fait face à une adversité qui nous semble insurmontable, et où il faut se battre, même sans certitude. Nous évoquons la manière dont ils peuvent nous blesser et nous faire évoluer.

La patiente m'a dit plus tard à quel point cet échange l'avait touchée et réconfortée. La thérapie pouvait continuer...

Consolations de papier

Parmi les formes d'art qui peuvent nous consoler figurent bien sûr nos lectures.

Mais avant même de savoir lire, nous aimons entendre des récits. La capacité à inventer, raconter et écouter des histoires est caractéristique de l'espèce humaine. Elle a de multiples conséquences en termes de transmission culturelle (savoirs, règles sociales, religions...) mais aussi en termes de consolation. Ainsi, une étude a été conduite chez des enfants d'environ 7 ans (entre 5 et 9 ans pour la plupart) hospitalisés en soins intensifs, donc pour des pathologies sévères, souvent respiratoires, et dans un environnement stressant. Elle montre que la lecture d'une histoire, pendant environ une demi-heure, par un adulte inconnu mais bienveillant et expérimenté, apaise l'enfant non seulement de manière subjective (diminution des souffrances physiques, mieux-être émotionnel), mais aussi biologique (diminution du cortisol salivaire, marqueur de stress et augmentation des taux sanguins d'ocytocine, neurotransmetteurs de l'attachement, de l'apaisement relationnel et de la confiance, connue aussi pour ses effets antistress)[25].

Fait notable : les enfants du groupe de comparaison, qui ont bénéficié de la présence d'un adulte bienveillant pendant trente minutes, mais sans histoire racontée, seulement un échange, s'en trouvent eux aussi mieux, mais de manière moins nette. La consolation ne vient pas seulement de la relation, mais bel et bien de la lecture commune de l'histoire !

Évidemment, cela vaut aussi pour les adultes : en enquêtant un peu sur ce sujet, j'ai découvert que de nombreuses démarches en ce sens existaient, notamment dans les services de soins palliatifs ou de traitement des douleurs chroniques[26].

« La lecture nous offre de connaître, d'épouser sans effort quantité de destins extraordinaires, d'éprouver des sensations puissantes par l'esprit, de courir des aventures prodigieuses et sans conséquence, d'agir sans agir, de former enfin des pensées plus belles et plus profondes que les nôtres et qui ne nous coûtent presque rien ; – et, en somme, d'ajouter une infinité d'émotions, d'expériences fictives, de remarques qui ne sont pas de nous, à ce que nous sommes et à ce que nous pouvons être[27]. » Voici ce qu'en écrivait Paul Valéry, pourtant peu prodigue d'enthousiasmes ; mais il voyait juste...

Les histoires nous emportent dans d'autres expériences de vie que la nôtre, et c'est particulièrement précieux lorsque nous traversons des moments difficiles. Beaucoup d'études ont ainsi montré que la fréquentation régulière des romans modifie favorablement les capacités d'empathie et de lien social : en permettant l'identification aux héros, en aidant à comprendre leurs points de vue sur le monde et les autres, ces lectures de fiction peuvent représenter un enrichissement considérable de notre propre expérience de la vie, y compris celle de la souffrance[28]. La lecture peut nous permettre d'observer et de comprendre d'autres combats existentiels semblables aux nôtres, et d'y puiser inspiration pour ne pas sombrer dans la désolation.

Aujourd'hui, de nombreux travaux s'intéressent à l'impact des mots sur notre fonctionnement cérébral, notamment émotionnel. Ainsi, le fait de nommer des émotions (peur, colère, tristesse...) observées sur des photographies de visages diminue la réponse de l'amygdale cérébrale et des régions voisines (le « cerveau émotionnel ») et augmente l'activité du cortex préfrontal (siège du contrôle émotionnel), par rapport à d'autres consignes face aux mêmes visages[29]. Chez des sujets phobiques des araignées, pouvoir décrire ses ressentis émotionnels alors qu'on est en train de s'approcher d'une grosse araignée captive dans son bocal diminue la réponse corporelle de stress (moindre conductance cutanée) et permet de s'approcher plus près du bocal (par rapport aux sujets phobiques devant soit se raisonner, soit penser à autre chose). Associer des mots à nos peurs, nos colères ou nos tristesses nous aide à en diminuer l'intensité et à mieux les affronter.

C'est ainsi toute une chaîne consolatrice qui est mise en marche lors de la lecture : associer les bons mots à nos ressentis personnels et émotionnels flous, accompagner des personnages traversant des épreuves, découvrir leurs manières de faire... La lecture peut nous aider à comprendre ce qui nous affecte et à organiser ce que nous avons à accomplir. Puis, à un moment, ayons la sagesse, ou la force, de revenir vers la vie pour éviter le péril de la fuite dans la fiction, qui deviendrait alors un refuge plus qu'un lieu de transformation : « Les livres disent : elle fit ceci parce que. La vie dit : elle fit ceci. Les livres, c'est là où les choses vous sont expliquées ; la vie, c'est là où les choses ne le sont pas. Je ne suis pas étonné que certains préfèrent les livres[30]. »

Deux livres, une après-midi d'été...

Après une grosse opération du rein, une après-midi d'été, dans son lit, derrière la pénombre des rideaux tirés, un convalescent lit deux petits livres de poésie chinoise offerts par des amies. Il souffre encore beaucoup, malgré la morphine, et le moindre mouvement provoque des douleurs diaboliques ; il est encore inquiet quant aux résultats de son opération et des analyses biologiques effectuées. Mais à cet instant il est parfaitement consolé, il se sent dans une oasis de paix et de sécurité : par sa lecture (une succession de poèmes courts à propos des petits instants du présent, précisément ce qui reste quand on est malade et alité) ; par la beauté des livres, au papier épais, à la reliure simple et belle ; par le calme profond de cette heure d'été ; par sa solitude qui n'est pas un abandon mais un repos ; et surtout, surtout, parce que ces livres lui ont été offerts par ses amies, dont il voit les visages en tournant chaque page : consolation cent fois plus grande que s'il les avait achetés lui-même. Absolument et profondément consolé. Voici l'un de ces poèmes, intitulé « Chanson d'adieu au printemps[31] » :

De jour en jour les gens vieillissent un peu plus
D'année en année le printemps revient
Dans une coupe de vin réside une joie amicale
Pourquoi donc regretter
que les pétales de fleurs s'envolent ?

La consolation comme un poème

La poésie est à mes yeux la forme de littérature la plus inspirée et irriguée par les peines et le besoin de consolation des humains. Voici comment André Comte-Sponville la définit, depuis son regard de philosophe : « L'unité indissociable et presque toujours mystérieuse, dans un discours donné, de la musique, du sens et du vrai, d'où naît l'émotion. C'est une vérité qui chante et qui touche. À ne pas confondre avec la versification, même pas avec le poème : il est rare qu'un poème soit tout du long poétique, et il arrive qu'une prose, par moments, le soit[32]. »

Rosa Luxemburg, depuis sa prison, parle de ses effets : « C'est juste la musique des mots et l'étrange magie du poème qui me bercent tranquillement. Je ne sais pas moi-même comment un beau poème peut agir sur moi aussi profondément[33]. »

Quand la poésie évoque nos souffrances et nos espérances, avec des mots simples ou beaux, ou des mots aux manières de mystères, ses formulations permettent à qui écoute d'aller plus loin, de remplir le vide ou le vague, de préciser ce qui était confusément ressenti. La poésie nous en dit toujours plus que ce qu'elle écrit. C'est sans doute dans la lecture de la poésie que l'écart entre nos ressentis flous et la clarté des mots lus est le plus grand, la jubilation de se retrouver chez autrui la plus forte, et le soulagement de n'être plus seul, aussi.

D'ailleurs, pour beaucoup d'auteurs, écrire un poème représente une forme de consolation, et c'est souvent leur cœur qui guide leur main, comme le notait, encore lui, Paul Valéry : « Grandeur des poètes de saisir fortement avec leurs mots ce qu'ils n'ont fait qu'entrevoir faiblement dans leur esprit[34]. »

Les paroles de consolation poétiques ne se trouvent pas seulement dans les livres, elles peuvent aussi éclore du quotidien. C'est une mère, au chevet de sa toute petite fille mourante, à l'hôpital[35], qui demande, inquiète et désespérée, à l'infirmière à ses côtés : « Vous la trouvez comment ? » et cette dernière de lui murmurer : « Belle... » Réponse poétique et magnifique, consolatrice dans sa spontanéité, sa bonté et son intelligence : s'écartant d'une inutile information de plus sur l'état médical, elle ramène doucement la peine sur ce qui est désormais l'essentiel : non pas la mort à venir, mais la fillette, sa personne, sa beauté, son histoire.

Plus tard, c'est le directeur du lycée où le frère de la petite fille est élève qui lui dit, après la mort de sa sœur : « Nous sommes là pour vous aider à supporter l'hiver et à croire au printemps[36]. » J'admire cette poésie, émergeant au cœur de la désolation, nous éblouissant par surprise dans le gris du quotidien.

La poésie nous fait découvrir un phénomène singulier qui concerne également la consolation : trop de poésie finit par écœurer, tout comme trop de consolation finit par ne plus consoler. En rédigeant ce livre, j'ai lu des volumes entiers de poèmes, à la recherche de leur mécanique consolatoire, et rapidement j'ai ressenti un trop-plein face à la posture déclamatoire, à la solennité des classiques, aux larmes des romantiques. À un moment donné, la poésie qui gémit trop nous offre plus une *co-plainte* (« Pleurons ensemble sur notre malheur ») qu'un réconfort. D'où l'aspiration, alors, à plus de sobriété, ou à plus de rareté. De même, lorsque nous consolons un proche, ne tombons pas trop dans l'apitoiement et l'immobilisation conjointe, prolongée, répétée, autour de la peine, mais, de notre mieux, essayons d'insuffler vie et mouvement, d'aider la personne à rejoindre le monde alentour, au lieu de seulement venir nous recroqueviller à ses côtés.

La petite musique de la consolation

La musique tient une place particulière dans l'univers de la consolation : elle ne nous *dit* rien, ne nous encourage à rien, mais peut nous faire un bien immense, parfois même au travers d'un mal tendre et amical, un mal doucement triste, mais qui apaise… On sait aujourd'hui que l'écoute d'une musique que l'on apprécie active un vaste réseau cérébral et entraîne la libération de dopamine ou d'ocytocine, neurotransmetteurs associés au plaisir ou à l'attachement affectif[37].

Mais la musique qui fait du bien au moral n'est pas forcément gaie : une belle musique triste peut aussi nous aider. Il semble d'ailleurs que la musique gaie ou entraînante soit rarement celle vers laquelle on se tourne spontanément pour consoler une humeur sombre (on l'écoute plutôt pour augmenter des émotions positives déjà en place) : on choisit alors plus volontiers des musiques mélancoliques[38]. Ce qui confirme en partie que, pour que la consolation vienne, nous avons d'abord à accepter la peine : la musique nous invite à lâcher prise et à plonger un peu plus dans la tristesse, pour mieux nous en extraire ensuite.

Je me souviens d'avoir écouté l'*Adagio pour cordes* de Samuel Barber lors d'une période de deuil d'un ami : sa musique me vrillait une tristesse terrible au cœur, mais j'avais l'impression qu'il fallait que j'aille là, au fond de cette détresse, pour traverser cette période ; c'était comme les saignées que pratiquaient les médecins d'autrefois pour évacuer les « humeurs tristes », cela faisait s'échapper de moi le trop-plein de chagrin.

Dans l'univers musical, les chansons représentent un trait d'union entre poésie et musique. Elles sont la manière de se consoler poétiquement la plus répandue au monde, soit par les joies proposées des chansons gaies et entraînantes, soit par les peines racontées et partagées des chansons tristes ; c'est pourquoi, sans doute, plus de 70 % des jeunes adultes (entre 15 et 30 ans) ont recours à la musique pour se consoler[39].

Une autre étude[40] montre que la musique triste entraîne principalement de la nostalgie, plus que de la tristesse intense. Or la nostalgie est l'émotion subtile de la remise en lien avec soi et avec son passé : un autre mécanisme d'autoconsolation.

La musique n'a rien de dérisoire, même face aux grandes adversités, même face à la mort qui vient. C'est pourquoi j'aime la belle histoire de Claire Oppert, violoncelliste qui joue pour les enfants autistes, les malades souffrant d'Alzheimer ou les patients en soins palliatifs. Elle raconte[41] qu'un jour elle est en train de jouer dans la chambre de Georges, un monsieur en phase terminale d'un cancer de la thyroïde. Elle lui demande quelle musique lui ferait plaisir ; et lui de répondre : « "Ce que vous voulez, du moment que c'est beau !" Va pour un extrait de l'*Adagio* d'Albinoni, puis l'*Ave Maria* de Gounod. La musique emplit la pièce. Les boîtes de médicaments, le pichet en plastique, le fauteuil de faux cuir qu'occupe un fils anxieux, tout s'efface dans l'intensité du moment. Georges savoure. Il ferme les yeux, renverse sa tête sur l'oreiller, pleure et sourit en même temps. Lorsque le silence revient, il joint les mains. "Vous m'avez mis de la joie dans le cœur. Merci, merci, merci. Transmettez cette joie aux autres aussi."[42] » Consoler, c'est mettre de la joie, au moins un tout petit peu de joie, dans le cœur. Ne serait-ce que le temps d'un morceau de musique.

Nous avons jusqu'ici parlé de la musique que l'on écoute, mais il y a aussi celle que l'on joue ou que l'on chante. Elle nous offre une combinaison de réconforts, comme la marche dans la nature : lorsqu'on joue soi-même d'un instrument ou que l'on chante, on bénéficie des consolations de l'action et de celles de la musique. Quand on a du chagrin, jouer peut représenter une réparation totale : cela engage tout le corps et l'esprit, apaise l'âme, capte l'attention et canalise les émotions. On ne recherche alors pas la perfection, mais la respiration de la consolation, sa vibration à l'unisson de nos peines.

Écrire ses peines

De même que, pour se consoler, on peut écouter de la musique ou en jouer soi-même, ne pas en rester à la lecture mais s'engager dans l'écriture apporte une autre forme encore de réconfort.

On perçoit parfois la tenue d'un journal comme un petit exercice nombriliste et anodin. Le fait que beaucoup de personnes en aient entrepris un à l'adolescence, puis l'aient abandonné ensuite, conforte ce jugement de valeur : ce ne serait qu'une tocade de jeunesse, un peu immature, un peu narcissique. C'est une erreur de penser ainsi : l'écriture de nos ressentis intimes est une des voies royales vers la connaissance de ce que nous sommes.

Cioran, dans son ouvrage *Sur les cimes du désespoir*[43], est formel sur la puissance de consolation que nous offre l'écriture : « Il est des expériences auxquelles on ne peut survivre. Des expériences à l'issue desquelles on sent que plus rien ne saurait avoir un sens. [...] Si l'on continue cependant à vivre, ce n'est que par la grâce de l'écriture, qui, en l'objectivant, soulage cette tension sans bornes. »

Et si l'adolescence, comme nous l'évoquions, est la période où l'on commence souvent à se confier à un journal, c'est parce que ce moment de notre vie est celui où les tensions et difficultés d'exister et de se trouver sont les plus grandes.

L'écriture de soi est comme un dialogue doux, à notre rythme, avec une personne inconnue lointaine, silencieuse, bienveillante, patiente... et consolante. La science le confirme, et depuis les travaux pionniers de l'Américain James Pennebaker[44], de nombreuses données ont été recueillies sur les bénéfices du journal intime : mettre en mots nos périodes de vie douloureuses aide à leur cicatrisation et améliore notre santé. Une de ses premières études reposait sur un protocole simple : on demande à des volontaires sans difficultés psychologiques particulières d'écrire quatre jours de suite sur l'expérience la plus traumatisante de leur vie, pendant quinze minutes sans s'arrêter (afin que les thèmes abordés le soient véritablement, sans superficialité). On sépare au préalable les participants en deux groupes : l'un est encouragé à écrire en approfondissant ses états d'âme, l'autre en les relativisant et en les dépassionnant.

À l'issue de l'expérience, le groupe « approfondisseur » enregistre par rapport au « relativiseur » des bénéfices nets sur son bien-être émotionnel à moyen terme (dans les quinze jours qui suivent) et aussi sur sa santé objective à long terme (moins de visites chez les médecins dans l'année qui suit). D'où l'intérêt de descendre d'abord au fond de sa peine (mais sans s'y noyer) avant de remonter et de s'en extraire.

Dans toutes les études de ce type – car il y en eut ensuite bien d'autres –, il semble qu'un des mécanismes soignants de l'écriture soit la réorganisation de l'expérience douloureuse, qui sans cela repose sur des états d'âme souvent embrouillés. Dans nos esprits, le flou fait toujours plus de dégâts que le net : l'anxiété de l'incertitude pousse à la rumination, alors que celle de la certitude, même négative, peut nous inciter à l'action. Nous contraindre à transcrire nos ressentis incertains en récit cohérent est bénéfique.

Une inquiétude pointe d'ailleurs à l'horizon : la disparition progressive des lettres au profit des appels téléphoniques, mails ou encore SMS est en train de modifier nos habitudes d'expression, et l'interaction immédiate et rapide remplace l'échange et l'introspection. C'est peut-être bénéfique pour l'animal social en nous. Mais cela l'est sans doute moins pour l'animal mental et son intelligence émotionnelle. Et cela l'est encore moins pour le pouvoir consolant des échanges écrits. Nous avons évoqué plus haut les magnifiques correspondances de George Sand ou de Rosa Luxemburg : leur puissance consolatrice n'aurait peut-être pas été la même par mail ou SMS. La digitalisation de nos échanges affaiblira-t-elle nos capacités d'*interconsolation* ? Réponse dans quelques années…

Tombeau pour une mère morte

Je me souviens du travail thérapeutique accompli avec un de mes patients, poète et écrivain méconnu, vivant reclus, loin du monde. Quand il perd sa mère, il traverse un moment très dur et sombre dans un deuil pathologique. Il souffre d'images obsédantes – sa maman dans ses derniers jours lui revient sans cesse à l'esprit –, de tristesses écrasantes, de culpabilité, bref d'un chagrin qui semble démesuré dans son intensité et sa durée, et qui est en train de pulvériser les minces liens qui le relient encore au monde ; il se replie sur lui-même. Alors, entre autres soins, je l'encourage à travailler sur un tombeau, qui est, en littérature, un ensemble d'écrits en hommage à une personne disparue[45]. Au début, il est encore tellement déprimé qu'il a du mal à suivre ma consigne : noter, même dans le désordre, même sans souci de beau style ni de belles phrases, tous les souvenirs de sa mère, et pas seulement ceux des derniers jours et de l'ago-

nie, mais aussi les images de vie, de bonheurs, de joies. Il me fait confiance, et il s'efforce. Peu à peu émerge alors de sa tristesse un portrait fidèle de sa mère, mais de sa mère vivante, complète, pas seulement sa figure de mourante. Et peu à peu son chagrin cède la place à une consolation, d'abord fragile puis de plus en plus lumineuse, de la voir revivre ainsi à son esprit, derrière l'écran de fumée sombre et triste de sa fin de vie. Dans le mouvement de l'écriture, des souvenirs oubliés remontent à sa mémoire et arrivent spontanément sous sa plume. Il pleure souvent en écrivant, mais des larmes douces, tendres, sans amertume, des larmes de consolé…

Ravissements tristes et recueillements consolateurs

Tous ces instants de consolation par la beauté de l'art, au milieu de l'adversité, représentent ce que je nomme des *ravissements tristes*. Car être « ravi », c'est être ôté à la douleur, en être comme exfiltré. Dans ces ravissements tristes, rien n'est réglé, mais on se sent consolé. Tous les jours, nous sommes ainsi ravis par la vie, qui nous fait oublier la peine et la mort.

Mais faut-il rappeler que la sensibilité à l'art, sa réceptivité, demandent présence et attention, voire recueillement ? Une étude récente sur les expériences d'émotions esthétiques montre que celles-ci sont moins fréquentes et moins profondes si notre esprit est occupé dans le même temps à faire autre chose[46]. Et d'autres travaux montrent qu'une attention dispersée renforce plutôt les émotions douloureuses, alors qu'une attention centrée et stabilisée facilite les émotions agréables[47].

Ce qui pose la question des « divertissements » par les écrans et les réseaux sociaux, dont la valeur distrayante est très grande, mais la valeur consolante très médiocre ; du moins si l'on en juge par leur capacité à accroître l'anxiété et diminuer l'estime de soi des grands consommateurs digitaux[48]. Le « divertissement de dispersion » représente certes une suspension de peine (surfer sur internet ou les réseaux sociaux, feuilleter un magazine en ne regardant que les images et les titres), mais il semble très loin d'avoir la même valeur consolatrice qu'un « divertissement d'approfondissement ».

La méditation, consolation de l'instant présent

La méditation appelle à l'immobilité, alors que l'action et le mouvement consolent. Elle se pratique dans la solitude, alors que le lien console. Elle invite à fermer les yeux, alors que la beauté du monde console. En toute logique, méditation ne devrait donc pas rimer avec consolation. Et pourtant, leur alliance est parfaite. Comment l'expliquer ?

Peut-être, d'abord, parce que, contrairement aux apparences, méditer, ce n'est pas ruminer ses soucis les yeux fermés (ce qui ne console pas), mais aller au bout, aller au fond de ce que l'on ressent.

Peut-être, ensuite, parce que méditer, c'est cultiver un regard apaisé et lucide sur le monde et sur soi, c'est un entraînement de l'esprit à aller vers cela. L'immobilité, les yeux fermés, ce n'est qu'un passage : on revient ensuite vers sa vie avec un mental doucement transformé, capable d'apaisement et de discernement, soit les deux armes essentielles pour affronter toute forme de désolation.

Peut-être, enfin, parce qu'il reste quelque chose des racines lointaines de la méditation dans nos pratiques contemporaines, que ces racines soient orientales et tournées vers l'abolition de la souffrance, ou occidentales et tournées vers la quête de l'élévation et du salut ; et tout cela aide, bien sûr, à la consolation.

Parmi les différentes formes de méditation, la plus pratiquée aujourd'hui dans le monde, parce que la plus accessible et la plus largement validée par la science, est la méditation de pleine conscience. Elle propose un cheminement qui commence par l'immersion dans l'instant présent : on se centre sur son expérience du moment, que l'on observe avec recul – simplement ressentir son souffle, son corps, simplement accueillir les sons, simplement observer le passage et le tapage des pensées. Puis, à partir de ce point d'ancrage dans le présent et dans le réel, on observe attentivement le fonctionnement de son esprit et de son regard sur le monde.

Contemplation, respiration et autoconsolation…

Un matin, une jeune femme s'efforce de se consoler. Elle traverse une mauvaise passe conjugale et ne sait quelle décision prendre : se séparer ou s'efforcer de rester dans son couple. Les deux lui font également peur. Elle ne voit que les côtés sombres de toutes les options : les complications et les déchirements de la séparation d'un côté, le lent étouffement d'une vie conjugale sans amour. Inquiétude, tristesse, sentiment d'impuissance, pas de solution simple : tous les ingrédients sont là pour qu'elle s'enferme en elle-même, dans une souffrance sans issue. Au-dehors, le temps est magnifique, le paysage aussi. Elle décide de s'apaiser par la méditation et la contemplation. Mais la consolation du ciel bleu est imparfaite. Très vite, des pensées lui reviennent, comme de violentes averses de pluie glacée dans un ciel de printemps : « Oui, c'est beau, ça fait du bien, oui, c'est mieux de contempler le ciel et de respirer que de ruminer inutilement ses inquiétudes ; mais ce serait encore mieux de contempler le ciel en l'absence de soucis ; et puis ça ne résout rien... » Pourtant, elle continue : « C'est vrai, mais alors quoi ? Que faire avec cette situation, cette souffrance ? Respirer et contempler et sourire avec ça ? » Là, elle sent qu'elle tient quelque chose qui va l'aider : « Commence déjà par ça, par ta souffrance, par ta tristesse ; ne respire pas contre la tristesse, ne respire pas malgré la tristesse, respire avec la tristesse. » Ce qui veut dire : « Efforce-toi, de ton mieux, aujourd'hui si tu le peux, sinon demain, de faire avec, de vivre avec, de ne pas dépenser ton énergie dans la désolation, le regret, la comparaison ; reste en bon état pour affronter et résoudre tout ça. »

Elle fait un exercice inspiré du tonglen[49], *qui consiste à associer sa méditation avec le mouvement de son souffle : « J'inspire la sérénité que m'offre ce ciel bleu et j'expire le trop-plein d'inquiétude et de tristesse, que je ne cherche pas à effacer complètement, juste à faire diminuer un peu, pour qu'elles ne prennent pas toute la place dans mon esprit... » Elle sent que son corps se relâche, que quelque chose dit oui en elle, oui je vais y arriver... Elle voit mieux défiler les pensées qui l'habitent, et leurs mots mauvais : « catastrophe... naufrage... rien à faire... échec... » Elle se parle doucement : « C'est bon, tu vas y arriver, on va se parler et on va décider ; dans tous les cas, reconstruction ou séparation, ne te raconte pas l'histoire à l'avance, mais va à sa rencontre, calmement, accepte que tout puisse arriver ; tu verras, tu feras au mieux... »*

Prendre refuge

Lorsque nous sommes dans la détresse, la méditation nous offre un refuge qui n'est pas une illusion : l'instant présent. La tempête de l'adversité tourne autour de nous et il n'y a nulle part où fuir. Alors on commence par rester là, mais au bon endroit, au centre de soi-même. La souffrance reste au centre, elle aussi, mais pas toute seule : on invite à ses côtés la conscience de la respiration, que l'on prend le temps de ressentir, longuement ; la conscience du corps ; l'écoute des sons. On se dissocie de ses pensées, qu'on observe sans les alimenter.

Tout cela n'agit pas seulement en détournant une partie de notre attention de la souffrance, mais aussi en permettant une déconstruction de celle-ci, une mise à plat de nos émotions, de nos pensées et de nos impulsions. Au lieu de supporter le bloc entier de la détresse et d'être écrasé par lui, on l'observe de plus près, et on en sépare les parties. Cette fragmentation, ce démontage, diminue la puissance destructrice et l'emprise sur nous du désarroi. Il ne reste ensuite que la souffrance, inévitable, du réel, essentielle, dépolluée de ses scories mentales, de son surpoids d'afflictions et de peurs inutiles. Et de ce fait, plus légère.

Regarder sa douleur de près

La méditation nous console parce qu'elle nous apprend à aborder la souffrance : elle nous permet de la reconnaître et de l'accueillir. Elle nous aide à nettoyer la plaie de tout ce qui va la compliquer : les distorsions de notre regard et de notre jugement, les amplifications (transformer une adversité en catastrophe), les anticipations (penser que cela durera toujours et que la solution ne viendra jamais), les personnalisations (« C'est toujours sur moi que la pluie tombe »), les plaintes (qui sont une manière d'attirer la consolation, mais peuvent aussi la dissuader).

Face à tout cela, face à ce surplus virtuel de la souffrance, la méditation nous aide à nous recentrer sur le réel de la douleur seule, écartant ses sous-produits toxiques. C'est exactement ce que notait Stendhal : « C'est un moyen de se consoler que de regarder sa douleur de près[50]. »

Puisqu'elle est un rendez-vous régulier avec nous-même, la méditation nous apprend à fréquenter nos souffrances au jour le jour ; et de ce compagnonnage régulier et accepté découle la capacité de moins les redouter, de mieux les écouter sans se laisser submerger par elles, et de moins les subir. Elle nous apprend aussi à côtoyer tout ce qui fait la vie belle : car on médite également sur les moments heureux de notre existence, ce qui les fait entrer plus profondément en nous.

S'ouvrir au monde

La méditation peut être comprise comme une gymnastique de l'horizon : on y élargit son regard sur la vie, on porte les yeux au loin, on s'éloigne de soi, comme ces vers de Victor Hugo le décrivent :

> « Tu regardes le ciel mystérieux et doux
> Et par l'immensité ton âme est dilatée[51]. »

Traduction du langage poétique en termes neurologiques : la méditation désactive l'aire d'orientation et d'association de notre cerveau, cette petite zone située dans le lobe pariétal gauche. Il en résulte un sentiment de dissolution de soi qui procure une part de consolation[52]. D'autres études montrent que regarder régulièrement le ciel nous fait du bien, apaise notre niveau subjectif et biologique de stress[53] : et la méditation n'est-elle pas une manière de regarder l'horizon les yeux fermés ?

Observation lumineuse de Bobin : « Pour l'instant, je me contente d'écouter le bruit que fait le monde lorsque je n'y suis pas[54]. » Car on médite aussi pour observer le monde indifférent à notre chagrin et pour ne pas s'en affliger ; au contraire, y puiser de la paix. Faire entrer en soi la paix extérieure, le calme du ciel, de la nature : cela ressemble à une bouffée de la paix éternelle que l'on souhaite aux défunts, sauf que là, on la savoure de son vivant !

La souffrance est parfois comme un besoin excessif d'attention à soi-même : alors, il est précieux de se rappeler que le monde qui nous entoure peut nous aider, qu'il n'est peut-être pas indifférent, mais juste calme, malgré toutes les souffrances qu'il héberge, les nôtres comme celles des autres. Et se laisser contaminer par ce calme.

Laisser venir la plénitude

Parfois, un sentiment de sérénité émerge de la méditation : on n'a plus besoin de rien, plus de désir, plus de manque ; tout ce qu'il nous faut est là... C'est un état de plénitude non seulement agréable et soulageant, mais aussi éclairant : finalement, la paix intérieure n'est jamais bien loin ; et la consolation de nos chagrins et de nos adversités est toujours plus proche qu'on ne l'imagine.

Dans ces instants, nous comprenons intuitivement que la poursuite incessante de solutions à nos problèmes va nous détruire : il faudra sans cesse trouver de nouvelles solutions, parce qu'il y aura sans cesse de nouveaux problèmes.

Ce que nous propose la méditation, c'est de régulièrement basculer dans un autre univers, dans un monde où ce qui compte, plus que les problèmes à résoudre, c'est un réconfort offert à notre fatigue existentielle par la grâce, aléatoire et récurrente, de sentiments de plénitude et d'éternité.

La méditation n'est pas une fuite : lorsqu'on revient au monde matériel, où règnent les adversités, on est alors capable de plus de force, de calme, de créativité et de flexibilité. Toutes les études le confirment, c'est pour cela qu'on utilise la pleine conscience en psychiatrie et en psychothérapie, et qu'elle est d'un grand secours pour de nombreux patients, anxieux, déprimés ou autres[55], afin de les aider à prendre du recul et à aborder leurs difficultés différemment.

Dire oui avec son cœur

Enfin, la méditation aide à écouter et à accepter les paroles de réconfort. Même si l'on sait que ces paroles nous disent le vrai et nous encouragent au nécessaire, il y a presque toujours un obstacle en nous : on n'arrive pas à les accueillir sincèrement, à les absorber, à les digérer parce qu'on est dans la désolation et la souffrance. Notre esprit les rejette. C'est très important, la pleine acceptation des mots de consolation : bien souvent dans notre vie, notre esprit acquiesce aux paroles de réconfort, mais notre cœur ne suit pas...

La pratique régulière de la méditation semble avoir un effet émollient sur nos défenses mentales et nos rigidités en général. C'est pourquoi les bouddhistes comparent la méditation à la flamme de la bougie qui ramollit la cire de nos certitudes. Ce qui s'avérera précieux quand nous voudrons laisser entrer le réconfort en nous, au plus profond de nous, pas seulement à la surface ; le réconfort ne doit pas toucher uniquement notre cortex (« Suis-je rationnellement d'accord ou rationnellement pas d'accord ? ») mais aussi notre cerveau émotionnel, porte d'entrée de l'apaisement du corps (« Qu'est-ce que je ressens en écoutant ces mots ? »). C'est là qu'intervient le rôle immense de la méditation comme processus d'incorporation et de désincarcération : introduire les idées consolantes dans notre corps et faire sortir les ressentis sombres de ce même corps, en les retransformant en simples idées, et donc en hypothèses que l'on peut contester et évacuer doucement.

De ce fait, la vertu de la méditation est double : elle est une consolation en elle-même, venue du dedans, mais elle aide aussi à recevoir au plus profond de nous toutes les consolations venues du dehors. Le ciel bleu ne nous console que s'il est plus qu'un constat, une idée, et qu'il devient une sensation qui résonne en nous, une émotion foudroyante et pénétrante. La méditation transforme les consolations de l'esprit en consolations du cœur, les introduit dans le corps. Et le corps possède une meilleure mémoire que l'esprit : comme un animal, il n'oublie jamais le bien qu'on lui a prodigué.

Croire au destin et s'en remettre à lui ?

C'est une consolation retrouvée dans de nombreux bréviaires de sagesse populaire : se dire que ce qui advient dans notre vie devait advenir. On croit au destin et on l'accepte : « C'était écrit », « Ce qui arrive est exactement ce qui devait arriver », « Toute personne que tu rencontres est la bonne personne », « Chaque moment est le bon moment ».

Chacune de ces maximes peut s'avérer à la fois critiquable (quant à sa pertinence, car que sait-on vraiment de l'existence d'un *destin* ?) et admirable (quant à ses effets, très souvent apaisants). Leur but est manifeste : nous inciter à ne pas nous débattre sur le registre du « ce n'est pas normal, je n'ai pas de chance ».

Commencer par accepter avant de s'agiter n'est pas anodin : si cette forme de sagesse simple peut nous aider à éteindre le bavardage stérile, épuisant et toxique des regrets, si elle nous permet de ne garder de notre peine que l'émotion de tristesse, légitime et respectable, et de préserver nos forces pour l'action et non pour les lamentations, alors l'acceptation d'un supposé destin nous sera d'un grand bénéfice et d'un grand réconfort.

Cioran n'appréciait guère ce type d'usage *consolatoire* du destin : « Le meilleur moyen de consoler un malheureux est de lui assurer qu'une malédiction pèse sur lui. Ce genre de flatterie l'aide à mieux supporter ses épreuves, l'idée de malédiction supposant élection, misère de choix[56]. » Le réconfort offert par une malédiction supposée reste bien sûr hypothétique ! Mais accepter le destin, même contraire, c'est un soulagement, parce que cela nous permet de renoncer aux vaines révoltes, et de choisir les bons combats.

Entretien d'embauche

C'est un de mes cousins, qui passe un entretien d'embauche en même temps qu'un de ses amis ; le poste leur plaît beaucoup, mais ils sont recalés tous les deux. Mon cousin est très déçu et téléphone à son ami, qui lui dit : « Tu sais, l'avenir nous montrera peut-être que c'était finalement une chance de ne pas avoir eu ce boulot ; mais on ne s'en apercevra que dans quelque temps. » Et c'est effectivement ce qui se passe pour l'un comme pour l'autre : ils finissent par retrouver des emplois, et plus intéressants. Lorsqu'il me raconte cela, je lui demande comment ces paroles banales et hypothétiques ont pu le consoler, lui qui est si rationnel, si inquiet, si exigeant. Car les propos de cet ami lui avaient vraiment remonté le moral. Nous y réfléchissons un moment ensemble. Sans doute avait-il été réconforté, bien sûr, parce qu'il ne s'agissait que d'une infortune modérée ; aussi, parce qu'ils étaient deux à la subir ; et enfin, parce qu'il était confiant dans l'avenir et ses capacités. « Tu sais, ajouta-t-il pour conclure, si la même histoire m'arrive dans un an, peut-être que les mêmes paroles de mon ami m'agaceront au lieu de me motiver. Les voies de la consolation sont impénétrables!» Certes; mais il est toujours intéressant, et parfois déconcertant, de comprendre comment chaque parole de réconfort peut cheminer en profondeur jusqu'à nous atteindre émotionnellement, nous apaiser et nous sécuriser; ou ne fait, au contraire, que rebondir sur nos défenses et certitudes négatives, ne nous procurant aucun mieux-être...

Et puis il ne suffit pas de croire au destin, il faut y croire *d'une certaine manière*! Cela rejoint la vision du fatalisme (du latin *fatum*, « destin ») que propose le philosophe Alain: « Le fatalisme n'enlève les regrets que si l'on a fait tout le possible. C'est pourquoi les hommes d'action sont ceux qui se consolent le mieux par le fatalisme. [...] Le fatalisme est un moment de raison, mais qu'il ne faut pas étendre à l'avenir[57]. » Accepter le destin, c'est se résoudre à ce qui est arrivé, mais aussi se battre pour que cela n'arrive plus, après s'être battu pour que cela n'arrive pas. Car il y a un paradoxe dans la formule: « C'était écrit. » Bizarrement, elle semble renvoyer au passé, mais en réalité, elle nous en délivre en nous incitant à tourner notre regard vers le futur et en nous poussant vers l'action plus que vers les regrets.

Alors, s'en remettre au destin pour se consoler, est-ce une bonne idée ? Oui, s'il ne s'agit pas seulement de résignation mais de lucidité, et si cela permet d'éviter la naïveté ou la présomption dont parle Stefan Zweig, dans *Le Monde d'hier*, et de renoncer à « cette certitude touchante de pouvoir barricader sa vie sans la moindre brèche pour la protéger de toute intrusion du destin [...] une grande et dangereuse présomption[58]. »

Accepter le destin, et son visage d'adversité, c'est accepter qu'il soit, toujours, plus fort que nous et nos efforts pour détourner ses coups. Mais accepter le destin, c'est aussi garder, l'orage passé, le regard tourné vers l'après : vers la consolation et la reconstruction.

C'est pourquoi j'aime l'ambiguïté des derniers mots du roman d'Alexandre Dumas *Le Comte de Monte-Cristo* : « Attendre et espérer. » Ils sont à la fois consolants, car ils associent l'attente forcée des lendemains à la belle vertu d'espérance, et désolants, car ils soulignent l'impuissance associée à cette même espérance : on n'espère que lorsqu'on n'a plus la capacité de changer le réel ; si l'on dispose de cette capacité, ce n'est plus l'espérance mais la confiance qui nous habite.

Ainsi, croire au destin peut nous apaiser et nous consoler, mais ne doit jamais nous dispenser d'agir : attendre, espérer, mais aussi, et surtout, se bouger…

Les consolations périlleuses de la quête de sens

Voici une autre consolation issue de la psychologie populaire : se dire que les choses ont toujours un sens. Se persuader que l'adversité est peut-être là pour nous parler, pour attirer notre attention sur quelque chose que nous ne voulions pas savoir, pour nous ouvrir les yeux et nous dévoiler une évidence que nous ne savions pas voir. Penser que, même si le message supposé de l'épreuve peut nous blesser ou commencer par nous échapper, il est toujours utile de se questionner à son propos.

Trouver un sens à l'adversité peut être consolant, parce que, bien souvent, c'est le sentiment d'injustice, d'incompréhension et d'absurdité qui transforme les épreuves en désolation. Se dire que le malheur qui nous frappe cache peut-être un message nous soulage en nous détournant de la colère, de la révolte, de la culpabilité, et, selon le message, en nous orientant vers une action possible. C'est notamment utile face à la maladie : on peut considérer que la pathologie qui nous frappe (ou touche l'un de nos proches) est comme une information, qui signalerait que notre vie n'était pas sur les bons rails, qu'il y avait de la souffrance en nous, que nous ne voulions pas voir. La maladie nous ouvrirait ainsi les yeux sur *le sens à redonner* à notre vie.

Dangers

Mais la quête de sens peut aussi être dangereuse. En tant que médecin, j'ai pu constater à quel point elle est violente pour qui tombe malade et s'entend asséner que sa maladie « a un sens ». Séparons les deux domaines : la maladie, le handicap, l'adversité n'ont pas de sens en tant que tels. Ils résultent simplement du hasard, de la malchance, d'erreurs ou de logiques qui souvent nous échappent.

En revanche, les entraves et les difficultés nous obligent à réfléchir sur ce que nous avons fait de notre vie hier, et sur ce que nous voulons et pouvons en faire demain. C'est leur seul avantage : lorsque tout va bien, nous nous laissons porter par un courant favorable ; lorsque maladie, handicap ou adversité sont là, nous devons nous montrer plus actifs, car le courant nous est défavorable. Certaines personnes s'interrogent alors sur le sens qu'elles souhaitent donner à leur existence ; d'autres se disent simplement : « Le sens de ma vie, c'est vivre au mieux, c'est savourer, découvrir, partager… » Les personnes qui ont eu à affronter une grande adversité portent sur l'existence un regard souvent plus riche et plus dense que celles qui ont surtout connu le confort et l'absence de difficultés.

Héritage possible, donc, mais à condition qu'on ait survécu, corps et âme, à la désolation. Car l'épreuve peut nous tuer ou blesser notre âme à tout jamais.

Parfois, il n'y a aucun sens à donner à l'épreuve ou à la souffrance, elles ne semblent avoir aucune conséquence qui puisse être favorable ou éclairante. Il aurait mieux valu, simplement, que cela ne se produise pas, jamais. Mais c'est arrivé, alors on se trouve contraint d'effectuer un travail d'acceptation pour continuer de vivre tant bien que mal. Le risque est toutefois grand de se sentir dans un désert de sens (« À quoi bon vivre ? »), après le grand chamboulement subi.

Et c'est pourquoi on perçoit parfois qu'il est vital de remettre du sens, inlassablement, après toute adversité. Il s'agit peut-être d'une illusion, mais aidante et consolante. Et la quête de sens semble un besoin psychologique universel, enraciné dans notre fonctionnement cérébral.

Peut-être est-ce un des rôles du cortex cingulaire antérieur, cette zone qui réagit fortement à l'incertitude ou à l'imprévu, en activant alors des réponses de stress. En laboratoire, faire lire un petit texte philosophique expliquant que l'univers obéit à des lois et des règles cohérentes, même si elles ne sont pas toujours évidentes à comprendre, amène les volontaires ensuite exposés à des tâches difficiles et à des réponses imprévisibles à moins stresser (par moindre activation du cortex cingulaire antérieur). On observe le même résultat chez les personnes croyantes, quelle que soit leur religion[59]. Le sens nous apaise donc, et de ce fait nous tire doucement vers la consolation.

Si l'on entre un peu plus dans les mécanismes de ce réconfort, on comprend que l'attribution d'un sens possible à une adversité ou une souffrance fait baisser l'intensité des émotions douloureuses et augmente l'adhésion à un récit intérieur satisfaisant et cohérent (« Il s'est passé ceci *parce que* cela »). Ce qui importe, c'est que ce récit nous apaise, et nous encourage à continuer la vie et ses efforts.

Il est en revanche préférable que cette réflexion sur le sens soit *endogène*, qu'elle vienne de nous, et non *exogène*, assénée de l'extérieur, à contretemps, ou émanant de quelqu'un que nous ne percevons pas comme légitime à nous consoler, à qui nous ne voulons pas ouvrir les portes de notre intimité psychologique, de notre souffrance.

Directions

Et puis il existe une autre démarche, que je préfère : voir le sens comme une *direction* (« Vers où orienter mes efforts ? ») et non comme une *signification* (« Qu'est-ce que tout cela veut dire ? »). Autrement dit, ne pas le chercher dans les causes ou le pourquoi de l'adversité, mais dans ses conséquences : quel sens puis-je donner à ma vie, maintenant que l'épreuve m'a touché ? La consolation viendra alors de l'engagement dans l'action et de la réorganisation de nos énergies bouleversées. Après une maladie ou un accident, on peut retrouver le goût simple de la vie, qu'on a failli perdre ; après un deuil, on peut s'attacher à la continuation d'actes qui auraient du sens aux yeux de la personne disparue (ainsi, ces parents qui créent une fondation ou une association après la mort de leur enfant, ou qui se lancent dans le bénévolat). Dans tous les cas, il importe d'attendre que les choses redeviennent vivables, puis de voir ce qu'on en a peut-être tiré, quelle sorte d'humain, forcément différent, on est devenu. Et là, seulement là, chercher du sens. Ou pas...

Le sens, c'est aussi ce qui tisse une cohérence. Notre vie est parfois comme une juxtaposition, une émulsion d'éléments incohérents et antagonistes : peurs et envies de vivre, beauté et adversité, le tout mêlé sans logique. Et ce désordre s'amplifie encore dans l'adversité. Alors, remettre un peu d'ordre peut effectivement alléger la détresse.

Paroles qui désolent ou qui consolent, après le deuil d'un ami

Un de mes amis (appelons-le Augustin) me raconte qu'il a perdu, voici quelques années, un de ses collègues de travail (appelons-le Paul).

Ils avaient été très proches, professionnellement et humainement, pendant presque toute leur carrière. Mais au moment de prendre leur retraite, ils s'étaient brouillés et éloignés, pour des histoires un peu absurdes. Un jour, Augustin apprend que Paul est atteint d'un cancer et qu'il se prépare à mourir; il essaye de se rapprocher de lui, mais Paul le tient poliment à distance, ne lui permettant pas de renouer vraiment le lien. Augustin en est très triste, et plus encore quand Paul meurt.
L'épouse d'Augustin et quelques proches tentent de le consoler en lui rappelant le conflit avec Paul, et les mots et comportements durs de ce dernier, voire quelques attitudes peut-être malhonnêtes. Mais ça ne console pas du tout Augustin, au contraire. Heureusement, deux de leurs anciens collègues, plus jeunes, devinent de quoi est faite sa peine et ressentent ses besoins. Ils le réconfortent en lui écrivant tous deux à quel point, lorsqu'ils sont arrivés dans l'entreprise, l'amitié d'Augustin et Paul les avait inspirés, combien ils l'avaient trouvée belle et forte. Ce sont les paroles, sincères, qu'Augustin souhaitait entendre. Ce qui le console, ce ne sont pas les critiques, même justifiées, à propos de Paul, mais l'évocation de ses bons côtés et de leur belle histoire d'amitié. Logique: les critiques voulaient annuler la légitimité du chagrin, alors que la belle histoire l'autorise mais l'apaise. Permettre la tristesse et chercher à l'adoucir (par des émotions douces et non amères), c'est le mélange consolateur par excellence. Et qui, pour Augustin, redonne sens à son histoire d'amitié: elle n'était pas qu'une association de compétences profes-

sionnelles, mais aussi une rencontre de deux personnalités qui s'estimaient et se complétaient. C'est pourquoi il est souvent maladroit et imprudent de commencer à consoler un proche qui a divorcé en critiquant son ex-conjoint : peut-être que la première étape du réconfort passe paradoxalement par la reconnaissance de l'amour qui existait entre eux au début, par l'évocation des belles choses vécues ensemble ; mais qui ne sont plus désormais…

Destin et sens : des histoires que l'on se raconte ?

Le point commun entre croire au destin et penser que certaines de nos adversités ont un sens, c'est que dans les deux cas, on se raconte des histoires.

Dans l'acceptation du destin, il s'agit d'une histoire apaisante : certains événements (la maladie de mon enfant, l'incendie de ma maison) ne dépendent pas de moi, de mes qualités, de mes efforts, il est donc inutile de me culpabiliser. Mais leur survenue n'est pas non plus due au hasard, il est donc inutile de trembler ; ces événements sont simplement écrits par une main placée plus haut que moi, relevant d'un déterminisme mystérieux, et ils *devaient* survenir, inutile de ressasser et de me tourmenter.

Dans la recherche de sens, on se raconte une histoire presque opposée : certains événements (une maladie qui me frappe, un échec professionnel, un divorce ou une séparation) dépendent, au moins en partie, de moi, de mes choix, de mes comportements. Leur survenue est comme un message que quelque chose n'allait pas ; ce n'est donc ni une incohérence ni une injustice, mais une information. J'aurais peut-être pu, si j'avais été plus lucide ou plus sage, en tenir compte, et modifier ma manière de vivre. Je ne l'ai pas fait, et l'adversité est venue me le rappeler. Elle a donc un sens, et l'accepter peut m'instruire et m'aider pour la suite : il est encore temps d'agir.

C'est le philosophe Paul Ricœur qui a théorisé le concept d'*identité narrative* : notre rapport à nous-même est souvent fondé sur un récit, une histoire de notre vie que nous écrivons nous-même, au moins dans notre tête, en mettant en continuité et en cohérence des événements dont les causalités sont multiples, hasardeuses ou inaccessibles[60]. Mais dans notre identité narrative, dans ce « qui je suis, raconté par moi-même », nous faisons une place au destin (par une mise en récit cohérente du hasard), et au sens (par une mise en récit cohérente de nos choix). Et cela nous fait du bien. Même les adultes, ces enfants grandis trop vite, ont besoin de se raconter des histoires...

Ce qui dépend de nous

C'est l'histoire d'une de mes amies, qui a connu une sale période il y a quelques années : après que son mari l'a quittée, sa mère est morte. Elle a présenté une dépression, qui a été traitée par médicaments et un peu de soutien psychologique. À la sortie, elle était, selon ses mots : « Soignée mais paumée. » Sa sœur lui a offert un petit livre, le Manuel d'Épictète*, intitulé dans l'édition de poche qu'elle reçut :* Ce qui dépend de nous[61]*. Épictète était un philosophe de l'Antiquité qui enseignait le stoïcisme, une doctrine précieuse pour faire face à l'adversité. Mon amie en retint l'essentiel : « Accepte ce qui ne dépend pas de toi, et agis sur ce qui en dépend. » Voici ce qu'elle me raconta ensuite : « J'ai compris* *que notre divorce n'était pas un hasard, mon compagnon n'était sans doute pas la bonne personne, et nous n'avions certainement pas fait non plus les bons efforts ; finalement notre séparation avait du sens, et du bon : elle nous libérait de liens trop compliqués à vivre, impossibles à réparer, et nous remettait dans le cours de l'existence avec un peu plus de jugeote pour revivre – ou non ! – en couple. Et j'ai compris aussi que la mort de ma mère n'était pas une anomalie, mais un événement dans l'ordre des choses, aussi douloureux qu'il soit : il est logique que les parents meurent avant leurs enfants. Ça ne m'a pas empêchée d'être malheureuse, mais ça m'a aidée à ne pas en rajouter dans la tristesse. Comprendre ce qui m'était arrivé de cette manière m'a soulagée et consolée, ça m'a aidée à tourner la page et à regarder vers l'avenir. Et savoir que ces mots d'Epictète avaient été rédigés voilà près de deux mille ans m'a impressionnée, tant ils sonnent encore juste !* »

La foi qui console

La plus grande et la plus ancienne des entreprises de consolation destinée aux humains est sans doute la religion.

De nombreux historiens pensent que les premiers rituels funéraires, il y a environ soixante mille à quatre-vingt mille ans, signent le début des civilisations humaines et la naissance des premières religions. Comment ne pas être ému, à des dizaines de milliers d'années de distance, en songeant à nos ancêtres plaçant aux côtés d'un proche mort des objets (nourriture, outils, bijoux, armes) qu'ils lui croient utiles dans l'au-delà ? Les tombes d'enfants protohistoriques, surtout, sont infiniment touchantes : on imagine la peine des parents, enterrant le petit corps, l'accompagnant de fleurs ou d'animaux domestiques et la manière dont ces rituels pré-religieux ont sans doute pu apaiser leur chagrin. La religion serait-elle née, en partie, du besoin de consolation ?

Bien sûr, la religion n'est pas que cela, un grand système consolateur. Elle est aussi un système de compréhension du monde, de ses origines, de son avenir, et un moyen d'accepter humblement ses mystères. Cependant, si sa fonction explicatrice rassure les inquiétudes de notre esprit, c'est sa fonction consolatrice qui réchauffe notre cœur en détresse. La religion donne à nos morts la perspective d'une vie nouvelle et plus belle dans l'au-delà, mais elle réunit aussi les vivants autour du rituel des obsèques, avec leurs actes réconfortants et leurs paroles consolatrices. Mon beau-père, très croyant, me disait en riant que c'est pour cela qu'il était sûr que Dieu n'était pas un vieux monsieur pâle, barbu et austère, mais une dame noire, ronde, rieuse et bienveillante, vision divine bien plus consolante...

Les fonctions psychologiques de soutien et de réconfort de la religion ont été étudiées, et le plus souvent validées, par de nombreuses recherches scientifiques[62], qui en ont identifié trois principales :

- le soutien anxiolytique de la foi et des croyances, par le sens donné aux adversités (« Ne t'inquiète pas, même si tu ne sais pas, Dieu sait pourquoi c'est arrivé ») et par l'espérance donnée (« Heureux les affligés car ils seront consolés[63] ! ») ;
- le lien social et le soutien de la communauté avec qui on partage les mêmes convictions et les mêmes visions du monde ;
- la pratique de la prière et des rituels, comme autant de moments d'apaisement bienfaisants pour le corps et l'esprit.

Bien sûr, personne ne pratique une religion dans le seul but de bénéficier de ces effets consolateurs. Mais, diront les croyants, si la foi fait tant de bien, n'est-ce pas le signe que c'est la bonne voie sur laquelle s'engager ?

Récit d'une incroyante

« Lorsque mon père est mort à son domicile, nous nous sommes trouvés démunis : nous étions une famille d'incroyants, biberonnés au communisme puis orphelins de toute foi. Et maintenant, nous nous retrouvions avec un corps mort, un cadavre dans la maison, face auquel nous ne savions que faire. "Cadavre" :

un des mots les plus horribles de notre langue. Deux dames de la paroisse, appelées par ma mère, sont venues à notre secours lors de la levée du corps. Elles nous ont pris par la main, nous nous sommes tous tenus au pied du lit et avons écouté et répété leurs prières; nous nous sommes nourris de la conviction de leurs paroles simples, pauvres, fortes. J'ai tout oublié des mots, mais le souvenir de la scène et de mes émotions est gravé à jamais en moi: détresse puis apaisement. Puis l'évidence d'une consolation par la grâce d'un improbable moment de foi partagée, même fugace, même naïve. Un peu secouée par ces effets, je suis ensuite allée quelque temps à la messe, afin d'y retrouver ce goût, inhabituel pour moi, du réconfort de la foi; mais mon histoire a tourné court, je n'avais pas les codes, pas la culture. J'aurais pu faire des efforts pour apprendre tout cela, mais ma vie me conduisait ailleurs, et le chagrin était passé...»

Toutes les religions sont capables de consoler, même si je ne parle ici que de celle que je connais un peu, la foi chrétienne. On trouve dans la Bible bien des appels à la consolation, et bien des tristesses de ne pas la trouver: «L'insulte m'a brisé le cœur, / Et j'en suis malade; / J'ai attendu un geste mais rien, / Des consolateurs je n'en trouve aucun[64].» On y trouve aussi des recommandations à accueillir la consolation: «Frères, je vous le recommande: écoutez avec patience ces paroles de consolation[65].»

Ignace de Loyola, fondateur de l'ordre jésuite, a largement développé dans ses enseignements le couple *désolation-consolation* : « J'appelle consolation toute augmentation d'espérance, de foi et de charité, et toute allégresse intérieure qui appelle et attire aux choses célestes et au bonheur de l'âme en la reposant et la pacifiant[66]. » Pour saint Ignace, la consolation est le signe que l'on est en train de trouver le chemin vers Dieu ; elle n'est pas un état mais un mouvement. À l'inverse, la désolation marque que l'on s'en écarte, même malgré soi, et cet égarement se manifeste alors par un sentiment de division intérieure, de tristesse, de découragement et de repli sur soi. Ainsi, désolation et consolation ne sont pas seulement des phénomènes psychologiques mais aussi deux états spirituels, étroitement liés durant une vie humaine. Les « exercices ignaciens » mêlent d'ailleurs ces deux dimensions, psychologique et spirituelle[67].

Les chrétiens contemporains se réfèrent davantage à l'image d'un Dieu consolateur qu'à celle d'un Dieu tout-puissant et réparateur. C'est le sens de cette remarque que l'on attribue à Paul Claudel : « Dieu n'est pas venu supprimer la souffrance, il n'est même pas venu l'expliquer. Il est venu la remplir de sa présence. » Dieu ne peut toujours nous empêcher de souffrir, c'est l'évidence, mais il est toujours à nos côtés, se disent les croyants.

De nombreuses formules issues de la foi chrétienne sont des phrases consolatrices. Par exemple, les épitaphes gravées sur les tombes, comme celle de la poétesse Emily Dickinson : « Born Dec.10.1830, Called back May.15.1886 ». *Born... Called back*, autrement dit : « Née... puis rappelée ». Ainsi, nous ne mourons pas, Dieu nous rappelle simplement à Lui, dont nous venons. Les morts ne nous sont pas retirés, mais ils sont appelés dans un ailleurs céleste, où ils nous attendent.

J'aime aussi cette phrase du Livre de la sagesse : « Les âmes des justes sont dans la main de Dieu et nul tourment ne les atteint[68]. » Ainsi, on peut être dans la main de Dieu, comme une coccinelle dans la main d'un humain bienveillant. Quand je voyage en avion et que nous traversons des trous d'air, des orages, d'énormes turbulences, mon corps a très peur. Et je le rassure avec mon esprit, en lui disant qu'à cet instant nous sommes dans la main de Dieu (avec tous les autres passagers de l'avion, mais la main de Dieu est vaste). Ça marche parfaitement : mon corps cesse de se raidir et patiente, le temps de voir ce que Dieu va faire ; jusqu'à présent, Dieu a fait au mieux, et à chaque fois, tout s'est bien terminé pour les passagers, les équipages... et moi.

Sans même parler de ses dérives fanatiques, la foi peut comporter, néanmoins, des inconvénients. Par-delà les côtés lumineux, elle peut inciter à s'écarter des consolations terrestres et humaines, au profit de la seule consolation divine, comme dans le psaume 77 : « Au temps de ma détresse, / Je cherche le Seigneur. / Dans la nuit, les mains tendues sans faiblir, / Je refuse toute consolation. » Pour les croyants, Dieu seul console ; ou bien Dieu seul choisit par qui ou par quoi la consolation nous viendra.

La foi expose aussi à la déception des prières non exaucées, procurant un sentiment de désolation accru, de solitude absolue, plus encore que pour les athées : se sentir seul dans l'Univers parce que Dieu n'existe pas, soit ; mais parce que Dieu nous a abandonné, c'est terrible... Cependant, à tout prendre, et de manière bassement comptable, la foi offre plus d'avantages que d'inconvénients : c'était en tout cas le célèbre « pari » du philosophe Pascal, selon lequel il n'y a rien à perdre mais tout à gagner à croire en Dieu. Voici ses arguments...

Le pari de Pascal

— Examinons donc ce point, et disons : « Dieu est, ou il n'est pas. » Mais de quel côté pencherons-nous ? La raison n'y peut rien déterminer : il y a un chaos infini qui nous sépare. Il se joue un jeu, à l'extrémité de cette distance infinie, où il arrivera croix ou pile. Que gagerez-vous ? Par raison, vous ne pouvez faire ni l'un ni l'autre ; par raison, vous ne pouvez défaire nul des deux. Ne blâmez donc pas de fausseté ceux qui ont pris un choix ; car vous n'en savez rien. — Non ; mais je les blâmerai d'avoir fait, non ce choix, mais un choix ; car, encore que celui qui prend croix et l'autre soient en pareille faute, ils sont tous deux en faute : le juste est de ne point parier. — Oui, mais il faut parier ; cela n'est pas volontaire, vous êtes embarqué. Lequel prendrez-vous donc ? Voyons. Puisqu'il faut choisir, voyons ce qui vous intéresse le moins. […]. Votre raison n'est pas plus blessée, en choisissant l'un que l'autre, puisqu'il faut nécessairement choisir. Voilà un point vidé. Mais votre béatitude ? Pesons le gain et la perte, en prenant croix que Dieu est. Estimons ces deux cas : si vous gagnez, vous gagnez tout ; si vous perdez, vous ne perdez rien. Gagez donc qu'il est, sans hésiter[69].

Eh oui, s'efforcer de croire en Dieu, c'est adhérer à une hypothèse réconfortante. De fait, moi dont la foi est incertaine et oscillante, j'observe qu'à chaque fois que je m'en remets à Lui, je me sens mieux, apaisé ; l'éventualité, la simple éventualité, de Sa présence constante, bienveillante, toute-puissante et clairvoyante me rassure ; les soucis mineurs, je m'en occupe tout seul, mais face aux adversités majeures (maladie et mort, violences extrêmes de la société) qu'Il soit peut-être là me réconforte.

Et je développe de nombreux petits rituels pieux, dont j'ai le pressentiment que beaucoup d'humains les partagent (je le découvre à chaque fois que je bavarde avec des proches à ce sujet). Ainsi, quand je quitte un endroit où j'ai été heureux, avant le départ, je passe quelques minutes de contemplation face à l'océan – ou la montagne, ou la forêt, ou la campagne –, à respirer, écouter, admirer ; puis je remercie pour tout ce que j'ai vécu de bonheur durant mon séjour ; et je demande d'avoir la chance d'y revenir encore une fois, une fois au moins.

Parfois, dans les moments difficiles, je me sens seul quand je médite pour m'apaiser. Seul dans l'exercice, seul face aux difficultés. Je soupçonne que le travail psychologique ne va pas me suffire. Alors je quitte la méditation, et je prie. Et quand je prie, j'ai le sentiment étrange que je téléphone à Dieu : je n'ai jamais reçu de réponse, pour le moment, mais j'ai parfois l'impression étrange que Quelqu'un a décroché, tout là-haut, et m'écoute en silence... Quand je prie, je me tourne vers un Dieu qui me manque et non vers un Dieu qui m'éclaire, vers un Dieu qui console mes peines et non un Dieu qui exauce mes souhaits. Je suis ainsi un croyant bancal : je *m'efforce* de croire en Dieu, admirant ceux qui croient, comprenant ceux qui ne croient pas.

Prières de malade

Un vieux monsieur prie pour que ses examens médicaux de contrôle soient normaux. Il est inquiet, il se sent aussi impuissant qu'une pièce jetée en l'air, qui va retomber sur le bon ou le mauvais côté, celui de la condamnation

ou celui de la continuation. Plusieurs jours après, les résultats arrivent : inquiétants. Alors il prie pour la suite, pour que les examens d'investigation qui en découlent soient normaux ou pas trop perturbés. Mais eux non plus ne sont pas bons. Il va falloir l'opérer. Comment garder confiance en la prière et en Dieu ? En se disant que Dieu seul sait ce qui est bon pour lui ? D'accord, mais il aimerait bien des moments de répit, partager un peu de santé avec les veinards de son âge qui sont en pleine forme ! Quoi qu'il en soit un, de veinard, lui aussi, comparé à bien d'autres humains. Et puis il se dit que Dieu est intelligent, et lui laisse un peu de travail, de perplexité, d'incertitude, d'angoisse ; ce serait trop facile sinon. Il pense au proverbe du désert : « Allah est grand, mais attache quand même ton chameau au piquet ! » Il se dit : « Dieu t'aidera, tôt ou tard, mais commence par faire ce que tu as à faire, toi… »
Le vieux monsieur est un lecteur de Gustave Thibon (c'est même lui qui m'a fait découvrir ce philosophe), alors il ouvre un de ses livres et tombe sur ce passage[70] *: « L'homme refuse quand on lui demande trop. Dieu fait le contraire ; il refuse quand on ne lui demande pas assez – par exemple, des biens matériels, des grâces sensibles, etc. » Quand nos prières ne marchent pas, peut-être n'avons-nous pas demandé ce dont nous avions vraiment besoin ? Trop de réassurances matérielles et pas assez de forces spirituelles ? Il décide de continuer à demander de l'aide pour sa santé, ça le rassure, car, tout seul, il se sent trop fragile face à la maladie. Mais il décide aussi de prier pour*

remercier et pour demander plus de force dans sa foi. Il utilise des prières simples, avec peu de mots, des mots pauvres : « Merci, pardon, protège-moi, aide-moi à me rapprocher de Toi, fais ce qui Te semble bon... » Il s'aperçoit que cette extension du domaine de sa prière, au-delà de sa santé, lui fait du bien, et qu'il sort consolé de ses moments d'oraison. Il pense aussi à cette citation qu'il a lue dans Cioran : « Dans un livre gnostique du deuxième siècle de notre ère, il est dit : "La prière de l'homme triste n'a jamais la force de monter jusqu'à Dieu." Comme on ne prie que dans l'abattement, on en déduira qu'aucune prière jamais n'est parvenue à destination[71]. » Le vieux monsieur est d'accord, il se dit qu'il faut toujours remercier Dieu, avant de lui demander quoi que ce soit. Qu'il faut commencer par penser à toutes les grâces reçues avant d'espérer en recevoir d'autres. Il se relève de son petit prie-Dieu. Rien n'a changé, mais il se sent maintenant consolé.

La présence des anges : illusions et consolations

« Je me demande où tu es. Le cimetière, la terre, le cercueil cela ne me suffit pas comme réponse[72]. » C'est le poète Christian Bobin qui nous éclaire ainsi sur le besoin de lien que nous continuons d'éprouver à l'égard des disparus. La personne que nous aimions est morte, alors que faire d'autre que garder le lien vivant ?

Quand mon meilleur ami est mort, j'ai passé des années (et cela m'arrive encore de temps en temps) à me dire qu'il était toujours là, à côté de moi, des années à lui dédier tous mes instants de vie, en cachette, à voix basse, des années à lui parler : « Ça, c'est pour toi que je le vis ; ça, c'est avec toi que je le partage… » Un vrai fou… Heureusement, personne ne s'en apercevait !

Imaginer les disparus à nos côtés, les sentir bienveillants, se dire qu'ils continuent de nous aider et de nous aimer, c'est tellement réconfortant ! On sait qu'on se raconte sans doute des histoires. Pas grave, si cela nous fait du bien et reste notre secret. Le reste de nous-mêmes fonctionne normalement, alors qu'à l'intérieur nous sommes gentiment fous : nous avons des voix et des visions, mais exclusivement destinées à notre usage personnel.

On peut aussi imaginer que nos disparus reviennent se manifester à nous, sous tout un tas de formes légères et parfois énigmatiques. Bobin décrit cela, encore : « Hier j'ai vu ta tombe, pas celle où on t'a mise (je l'ai vue aussi) mais celle dont tu sors sans arrêt en souriant : tu étais momentanément installée dans un bouquet de myosotis. Un peu plus tard, je t'ai devinée dans les fantaisies de la pluie sur l'autoroute, et quand j'ai poussé la porte de l'appartement tu étais déjà là, dans le silence d'une fin de jour[73]. »

Les plus belles des illusions qui réconfortent, ou les plus émouvantes parce que les plus imprévisibles, ce sont peut-être les *paréidolies*, ces phénomènes qui poussent notre cerveau à trouver un sens à ce qu'il a sous les yeux. C'est ce qui explique que nous voyons des formes dans les nuages, par exemple, ou dans les motifs d'un tissu, d'un parquet. Peu avant sa mort, David Servan-Schreiber, psychiatre visionnaire qui popularisa en France les oméga-3 et l'alimentation anticancer, demandait à ses enfants de penser à lui lorsque le vent d'été caresserait leur visage : « C'est moi qui serai avec vous, à cet instant, en train de vous embrasser doucement[74]... »

« Quoi qu'il arrive, je serai toujours avec toi » : je n'ai jamais pu entendre un de mes proches me dire cela avant sa mort ; la vraie vie ne ressemble pas toujours à celle que l'on nous montre au cinéma ou que l'on nous raconte dans les livres. Mais je suppose qu'un tel message doit donner une force incroyable. Et qu'ensuite on sent plus facilement la personne disparue à nos côtés, sous mille et une formes. On perçoit sa présence bienveillante, aimante, aidante : il s'agit dans ce cas d'une forme d'ultra-consolation.

Selon le philosophe Clément Rosset : « Le silence du monde est probablement la source principale de l'angoisse[75]. » De quoi parle-t-il ? De ce sentiment de solitude que nous éprouvons lorsque le monde continue de tourner, alors que nous sommes en train de nous noyer. Le monde n'a pas besoin de nous ; l'adversité nous rappelle que c'est nous qui avons besoin de lui. Mais nous avons besoin, aussi, de nous dire que quelqu'un est là, désormais omniprésent puisque absent, quelqu'un avec qui nous avons partagé un lien d'amour et d'affection, et qui se manifeste à nous par de petits signes, ou par des actions invisibles mais bienveillantes, tel un ange gardien.

C'est bon de se dire que des forces aimantes veillent sur nous et font de leur mieux pour nous aider et nous protéger. C'est réconfortant de penser que nous ne sommes jamais tout à fait seuls. Illusion ? Quand on est dans la détresse, on a le droit de ne pas se poser la question du vrai ou du faux, la question de la logique ou de l'illogique, et de préférer s'interroger ainsi : illusion consolante ou illusion désolante ?

Les illusions peuvent nous aider à cheminer vers l'acceptation de l'adversité. Elles libèrent nos énergies pour d'autres activités mentales que celles qui découlent du chagrin (regretter, se culpabiliser) et qui sont des quêtes sans fin pour espérer ce qui n'est plus là, rêver à ce qui n'est plus possible. Les illusions ont parfois la capacité de mettre fin à ces ruminations épuisantes. Elles nous aident à tourner notre regard du côté de la vie, vers les autres, vers le lien… Elles nous protègent du sentiment de l'absurde, du vide, de la désolation, de la solitude.

Oui, j'aime ça, les illusions qui nous consolent. Et puis, qui peut nous prouver que ce ne sont que des illusions ? Et quelle importance, si ce que l'on cherche, c'est la consolation et non la vérité ? « Les vérités sont des illusions dont on a oublié qu'elles le sont[76] », affirme Nietzsche… Une illusion n'est pas une erreur, simplement la projection sur le monde d'un désir en nous. « Se faire des illusions », comme on dit dans le langage courant, c'est prendre ses désirs pour la réalité. Une illusion, c'est une lecture du monde ; le tout est de ne pas en attendre plus qu'elle ne peut nous donner. Si nous voulons qu'elle transforme le réel, ressuscite nos morts et abolisse l'adversité, alors la déception viendra. Mais si nous admettons qu'elle ne peut que nous réconforter sans rien changer, alors nous serons consolés.

Belle clarté, Chère raison

J'écoute les bruits de la ville
Et prisonnier sans horizon
Je ne vois rien qu'un ciel hostile
Et les murs nus de ma prison

Le jour s'en va, voici que brûle
Une lampe dans la prison
Nous sommes seuls dans ma cellule
Belle clarté Chère raison

Guillaume Apollinaire, incarcéré à la prison de la Santé, après avoir été accusé à tort d'avoir participé au vol de *La Joconde*, au musée du Louvre, en 1911[77]

7

HÉRITAGES DE LA DÉSOLATION ET DE LA CONSOLATION

Au cœur de leur désolation, deux humains vivent ensemble à l'approche de la mort ce qu'ils n'auraient peut-être jamais vécu sans le drame de la maladie. Et que de nombreux autres couples ne vivront jamais. Mystère effrayant, parfois, de la désolation, lorsqu'elle nous apporte ce que la vie sans elle ne nous aurait jamais offert.

Amour et mort

Un de mes jeunes patients, soigné quelques années plus tôt pour une anxiété sociale majeure, revient me voir pour me donner de ses nouvelles. Il commence par me dire qu'il va mieux, ce qui me réjouit, et qu'il est venu me parler d'un grand bouleversement qui a eu lieu dans sa vie, quelques mois plus tôt. Parce que ça lui pèse, parce que, bien que pour le moment il tienne le coup, il craint que cela ne le fasse s'effondrer. Il tarde à me dire ce dont il s'agit, et je m'aperçois tout à coup qu'il n'est pas aussi calme qu'il le voudrait et que je ne le pensais; ses lèvres tremblent imperceptiblement, et ses yeux sont embués. Son épouse est morte. Elle était son grand soutien dans l'adversité, et même dans la vie tout court, sans doute le seul. Il parle longuement de sa disparition: tout est allé vite, en quelques mois, après un diagnostic gravissime, et il a cessé toutes ses activités pour rester à ses côtés et l'accompagner de son mieux. Il me raconte: « C'était une période terrible, avec la mort qui approchait et devenait chaque jour une évidence de plus en plus concrète ; la vraie mort, pas son image ou sa peur, mais la mort de la chair, avec les souffrances constantes et les délabrements du corps, les complications pour chaque geste du quotidien, la perte de toute force et toute autonomie. Mais aussi ce paradoxe absolu : nous n'avons jamais été aussi heureux ensemble, nous n'avons jamais été aussi amoureux l'un de l'autre, que lors de ces semaines passées à se parler et à se soutenir. Jamais nous n'avions pris conscience de la force de notre histoire et de la force de l'amour qui nous liait. À l'approche de la mort, jamais une intensité de vie semblable ne nous avait été offerte. Ou du moins jamais n'avions-nous su la vivre, la ressentir, la dire.» C'était comme un mélange de la plus grande désolation, la mort, et de la plus grande consolation, l'amour. Et mon patient ne savait que faire de cette expérience immense, craignant de s'écrouler malgré la force, immense aussi, qu'il en avait retirée…

La désolation peut-elle nous rendre plus forts ?

Nous sommes toujours transformés par la traversée des épreuves. En sommes-nous pour autant enrichis, renforcés, grandis ?

C'est en tout cas une vieille idée que l'on retrouve dès l'Antiquité grecque, chez le dramaturge Eschyle : « *Pathei mathos* », la souffrance enseigne[1]. Et puis surtout chez Nietzsche, avec la formule bien connue : « Ce qui ne nous tue pas nous rend plus fort. » Je me souviens que mes patients la détestaient, cette maxime. Car les adversités, si elles ne les avaient pas tués, ne les avaient pas rendus plus forts mais au contraire plus faibles, traumatisés, cabossés, inquiets, fragilisés. Ou complexés de ne pas être arrivés à devenir plus forts. D'ailleurs, quand Nietzsche aborde cette question, dans *Le Crépuscule des idoles*, il écrit en réalité : « Ce qui ne ME tue pas me rend plus fort[2]. » Il ne prétend parler que de lui et de quelques personnes d'exception...

Il nous en est resté toutefois l'idée d'une sagesse à coups de marteau, dans laquelle seule la désolation possède assez de force pour nous contraindre à changer, mais en nous tordant le bras. Il est vrai que le malheur peut parfois prendre le visage d'une contrainte féconde, d'une adversité fertile. La philosophe Simone Weil rappelle qu'il a pour vertu de nous obliger à regarder le monde en face : « Le malheur contraint à reconnaître comme réel ce qu'on ne croyait pas possible[3]. » Mais ce réel a souvent, aussi, le visage des souffrances stériles.

S'il est une chose que les épreuves de la désolation nous apprennent, c'est qu'il est vain de bâtir sa vie sur la force (« être fort, se montrer fort », etc.), sur une solidité supposée qui, bien souvent, explose à la première grande adversité. Nous avons certes besoin de force, malgré tout, mais plus encore d'amour. Qu'il s'agisse de résilience, de motivation à lutter ou à vivre, tout simplement, la grande ressource existentielle c'est l'amour, reçu, donné, à recevoir, à donner… Ou, pour le dire autrement, les vraies fondations de toute force face aux épreuves sont celles de l'amour et des consolations qu'il apporte.

Ce qui ne nous tue pas nous rend plus quoi ?

Ce qui ne nous tue pas nous rend parfois plus fragiles, plus tristes, plus sombres : on ne fait alors plus confiance à un bonheur qui ne résiste pas à la grande adversité.

Ou plus lucides : est-ce qu'on voit mieux le monde à travers les larmes ? Peut-être. Le souvenir des larmes quand la joie est de retour peut nous donner aussi une vision plus juste : on est capable d'être « mieux » heureux, parce qu'on a appris ce qu'était le vrai malheur. Du coup, on ne gaspille plus les occasions de bonheur en se croyant très malheureux quand on ne l'est que peu.

Enfin, ce qui ne nous tue pas nous rend parfois simplement plus durs au mal, épaissit notre cuir face à la peine. Mais cette épaisseur est une frontière qui nous appauvrit : elle empêche certes le malheur d'entrer, mais aussi le bonheur ; et elle interdit aux émotions de sortir.

On ne s'enrichit pas si facilement du malheur

Ou alors, au terme d'un travail immense ; ou parce que nous nous racontons d'énormes mensonges ! Cela ressemble un peu à notre rapport au vieillissement et à la manière dont chacun cherche à s'en consoler : on peut le prendre avec philosophie, chercher où sont ses bons aspects, comment le vivre au mieux. Mais s'il était donné à quiconque de revenir – vraiment ! – dix ou vingt ans en arrière, qui refuserait ? De même, qui refuserait de revenir au temps d'avant le malheur ? Qui ne voudrait pas l'éviter ou en modifier le cours ? Mais la vie ne nous demande pas notre avis.

Si la désolation ne nous rend pas plus forts, peut-elle nous rendre plus heureux ? Sans doute, puisque l'expérience du malheur nous rappelle souvent – au travers du visage de la consolation – la nécessité, la saveur, la valeur du bonheur. Mais connaître la vertu du bonheur, ce n'est pas forcément savoir l'accueillir ou le faire naître dans sa vie. Les épreuves peuvent nous laisser convaincus que le bonheur est une chance, mais aussi que cette chance n'est pas pour nous.

C'est pourquoi la manière dont nous nous remettons en chemin vers le bonheur après chaque adversité est importante : ce qui nous transforme, ce ne sont pas seulement les épreuves, mais la manière dont nous en avons été, ou non, consolés.

Nous verrons plus loin, à propos de ce que l'on appelle « croissance post-traumatique », que la possibilité de sortir grandis d'une épreuve n'a rien d'une évidence mais reste toujours possible. Cependant, cette vérité ne doit pas être assénée à qui est dans la peine : c'est à chacun de la découvrir et surtout de la construire.

Finalement, la grande question est celle-ci : existe-t-il un héritage de nos désolations et de nos consolations ?

Plus que des « leçons » ou, pire, des « chances », les adversités et la désolation, comme les consolations qui s'ensuivent, nous laissent un *héritage*. Un héritage, c'est quelque chose qu'on n'a pas choisi de recevoir, qui commence en général par une mort, un départ, une perte, des larmes. Celui de nos désolations et de nos consolations est ainsi à l'image de tous les legs : un mélange de tristesses et de richesses... À nous de faire le tri, quand nous en aurons la force, et le temps.

En rémission

Une patiente me raconte une consultation médicale, peu avant une opération : « L'anesthésiste est débordée, sans doute pas très douée non plus, et elle expédie l'échange, tant elle a de monde à voir et tant elle est en retard. Elle ne fait que me prendre la tension, et vérifier que je suis opérable par une série de questions réglementaires. À un moment, je lui explique que j'ai eu un cancer. Elle me demande lequel, quand, quel traitement ? Puis elle baisse la tête et note en parlant à voix haute : "OK, donc cancer en rémission." Elle ne me voit ni blêmir ni me crisper, puisqu'elle ne me regarde même pas et qu'elle s'en fiche. Je suppose que, pour elle, ce mot "rémission" est une bonne chose mais pour moi, non : pourquoi n'écrit-elle pas dans son dossier "cancer guéri" ? Comme elle a l'air pressée et incompétente, voire nulle en psychologie, je préfère ne pas perdre mon temps, ne rien lui demander, ne rien lui dire. Mais je ne me sens pas bien. Je n'aime pas ce mot "rémission", il me fait peur. Il suggère, aux malades en tout cas, que le cancer va revenir.

Heureusement, une amie m'a accompagnée à la consultation, nous devions aller au cinéma ensuite. Elle me réconforte, me rappelle que je dois écouter les cancérologues, pas cette anesthésiste pressée; ils m'ont dit que, passé cinq ans, je n'étais plus en rémission (avec un risque important de récidive de la maladie) mais en guérison (le risque de maladie est redevenu le même que pour n'importe qui). Puis elle me fait rire en me rappelant le mot d'esprit de Woody Allen: "La vie est une maladie mortelle, sexuellement transmissible." Enfin, elle me console en me disant ces mots simples: "Finalement, tous les humains sont en rémission, mais il y a ceux qui le savent, comme toi, et ceux qui l'ignorent, comme les personnes qui n'ont jamais eu, ou pas encore eu, de maladie grave. Toi, tu es éclairée maintenant, tu avances dans la lumière de la maladie, tu sais où tu mets les pieds. Tu sais prendre tous les bonheurs de la vie comme des réconforts précieux pour les malheurs passés, et les savourer aussi par avance pour les malheurs qui viendront peut-être. Les autres sont dans le noir, sans le savoir, ils ne voient pas tout ce qui les menace, mais ils ne voient pas non plus à quel point c'est une chance d'être en vie. Tu n'as pas choisi, mais ta vie est préférable à la leur." Je me décrispe peu à peu, je me remets à respirer plus calmement, j'observe que, en écoutant les paroles de mon amie, mon corps se sent mieux, mon esprit se met à douter, à croire moins fort au pire: rien n'a changé autour de moi, mais en dedans, je me sens consolée.»

Trois héritages (possibles) de nos désolations

Du détachement contraint à l'attachement lucide

L'attachement est un phénomène psychologique normal et souhaitable chez l'être humain. Nous en avons évoqué plus haut quelques règles : un enfant doit d'abord pouvoir s'attacher à ses figures parentales dans de bonnes conditions, pour pouvoir s'en éloigner doucement en grandissant, et surtout pour créer, tout au long de sa vie adulte, de nouveaux attachements qui ne soient pas des emprisonnements. Certains de nos attachements sont durables (notre famille) ; d'autres vont et viennent (nos rencontres). Et tout éloignement n'est pas forcément un détachement : le lien affectif n'implique pas (ou ne le devrait pas…) la proximité physique.

Source d'épanouissement, nos attachements peuvent aussi être source de souffrance. S'ils sont trop rigides, comme le sont les attachements anxieux, avec la peur constante de l'éloignement, de l'abandon ou de la perte. Ou s'ils nous sont brutalement retirés, si l'adversité ou le deuil nous arrache à une personne ou une situation ; un arrachement, c'est un détachement soudain, subi, douloureux. Et, nous l'avons vu, presque toutes les désolations qui nous frappent peuvent être pensées comme des arrachements, puisqu'elles sont toujours des pertes non voulues (de liens, de biens, d'idéaux...).

Il est normal, ou du moins spontané et naturel, de s'attacher à ce qui est bon, de s'enrouler autour de ce qu'on aime. Normal aussi, hélas, de perdre un jour ce à quoi on s'est attaché. À l'échelle d'une vie, tout attachement est fait pour un jour se défaire ou se déliter. Peut-on s'y préparer ?

La solution, on le sait, n'est pas de ne jamais s'attacher (ce qui est une stratégie de prévention efficace mais appauvrissante), mais de s'attacher avec lucidité, « avec modération », comme on le dit de la consommation d'alcool. La philosophie bouddhiste désigne les attachements comme source de souffrance, et encourage à ce qu'on pourrait appeler le non-attachement. Mais la formule exacte serait peut-être « ne pas s'accrocher », plutôt que « ne pas s'attacher ». S'accrocher, c'est s'attacher sans accepter ni supporter la liberté de mouvements dans la relation d'attachement. En tout cas, plutôt que « non-attachement », je préfère le terme « attachement doux », ou « lucide » : il s'agit d'aimer, ou d'apprécier, sans s'agripper. Savourer la vie en acceptant (un peu à regret quand même) qu'elle finira par la mort...

S'attacher sans s'accrocher

Comment s'attacher sans s'angoisser, en acceptant que tout puisse s'arrêter ? Tous nos attachements, aux personnes, aux objets, aux lieux, aux plaisirs, aux activités que l'on aime, sont à l'image de l'existence humaine : à savourer intensément parce que sans garantie de durée. D'où la philosophie de l'instant présent et du *Carpe diem* (littéralement « Cueille le jour », c'est-à-dire « Prends ce qui vient ») comme un acompte prudent, une consolation par avance. Cette pratique de l'attachement lucide n'est jamais une simple décision, mais un entraînement constant, une ascèse régulière : accepter chaque jour de se détacher de petites choses, de petits objets, de petites habitudes, de petites certitudes. Accepter de changer d'avis, accepter que l'on ait pu se tromper, accepter de jeter ou donner des objets dont on n'a plus vraiment l'usage, accepter que les personnes que l'on aime puissent s'éloigner et vivre des expériences de vie sans nous, avoir d'autres amis, d'autres affections et d'autres attachements...

Se rappeler, encore et encore, que la vie est – pour partie – une succession d'épreuves, de chagrins et de pertes. Et aussi une succession de joies, de bonheurs et de grâces. La manière dont nous traversons les premiers pèse sur la manière dont nous accueillons les seconds. D'où l'attention à prêter à nos désolations, et d'où l'importance des consolations, autoconsolations et consolations collectives, comme celles des funérailles : tout le monde a du chagrin, et tout le monde s'entre-console. La consolation est le pansement posé sur la plaie des détachements imposés par la vie.

L'essentiel n'est pas dans le matériel

Nous nous abritons derrière l'accumulation d'objets, de relations, de souvenirs, de certitudes. En vieillissant, si nous n'y prenons pas garde, nous accumulons, par inquiétude ou par inertie. Et non seulement ces biens ne nous consolent guère du temps qui passe, mais ils nous encombrent. Robert de Montesquiou, dandy snobissime de la Belle Époque, envoya un jour de 1893 sa photo à Marcel Proust accompagnée par l'un de ses propres vers : « Je suis le souverain des choses transitoires[4]. » Belle formule. Nous sommes nous aussi ces souverains des choses transitoires et anodines de notre vie, et il ne peut en être autrement. Puisqu'elles sont transitoires, comme nous, le non-attachement est évidemment la seule philosophie de vie possible. Et l'adversité nous aide, à sa manière brutale, à le comprendre : elle nous montre que nous ne sommes guère protégés du malheur par nos possessions ou notre statut. Chaque échec et chaque souffrance devrait nous aider à porter un regard plus distancié sur ce que nous possédons, et à inlassablement remettre au centre les liens d'affection et les consolations. L'amour, toujours...

Deux histoires de fin de vie et de détachements matériels

Nos biens matériels peuvent nous consoler par l'usage que nous en faisons, non par leur possession ni leur accumulation. Ils sont là pour nous libérer, et non nous asservir. À l'approche de leur mort, j'ai connu deux exemples d'attitudes antagonistes chez des personnes âgées dont j'étais très proche.

Elle : c'est une dame folle d'angoisse à l'idée de mourir sans avoir assez profité de la vie ; elle conçoit sa vieillesse comme une course pour rattraper un peu des moments heureux qu'elle estime n'avoir pas assez connus dans sa jeunesse – à juste titre, car son existence a souvent été triste. Alors elle achète, accumule, s'agrippe aux objets ; elle est devenue kleptomane de l'inutile, chipant la moindre cuillère à café, le moindre verre de restaurant, la moindre tasse de bistrot, déterrant même parfois des plantes et des fleurs sur les ronds-points ou dans les jardins publics. Plus elle avance en âge, plus elle est anxieuse et moins elle est généreuse. À sa mort, elle laisse derrière elle un désordre administratif absolu, n'ayant rien fait pour transmettre un quelconque héritage de son vivant.

Lui : sentant venir la mort, il se comporte comme un vieux Romain, vidant sa maison, donnant tous ses livres et le maximum d'objets, pour n'encombrer personne, organisant à l'avance l'administration de ses obsèques et de ses héritages pour en alléger sa femme et ses enfants. Et pour n'avoir plus pour tâche – la plus importante, me dit-il – que se préparer à partir et se réjouir d'avoir vécu. Sur son lit de mort, il me demande de lui lire le beau texte racontant les derniers jours de Guillaume le Maréchal, dans lequel celui qu'on considérait à son époque comme le plus grand chevalier de tous les temps[5] *procède à la distribution de ses biens et administre à ses proches ses dernières recommandations. Il veut y puiser du courage.*

Je me souviens d'un petit conte philosophique, raconté par un ami italien à notre groupe de vieux copains. Deux enfants, l'un fils de riche, l'autre fils de pauvre, sont amis. Tous deux, en haut d'une colline, observent le paysage. Le fils de riche dit alors : « Un jour, mon père m'a amené ici et m'a dit : "Regarde, mon fils, regarde et admire : un jour, tout cela sera à toi." » Et son copain, le fils de pauvre, répond : « Ah, oui, moi aussi, pareil ! Un jour, mon père m'a amené ici, et m'a dit : "Regarde, mon fils, regarde et admire." » Petit temps de latence du public, attendant une ultime réplique, puis comprenant que la suspension soudaine du récit est précisément la chute et la morale de l'histoire. C'est ce temps de surprise, puis de plaisir, à la prise de conscience de la philosophie du récit qui nous contraint à réfléchir : où se situe l'essentiel ? Admirer, est-ce mieux que posséder ?

Attachements et détachements de la nostalgie

« Ne pleure pas parce que c'est fini, mais souris parce que c'est arrivé » : telle est la devise de la nostalgie, cette émotion douce-amère, mêlant bonheur et tristesse.

Dans tout ce qui fait l'intimité de nos attachements et de nos détachements, l'émotion de nostalgie figure en bonne place. Et c'est une émotion consolatrice.

La nostalgie est-elle le contraire du détachement ? Ou son incarnation ? Ou encore l'occasion de travailler régulièrement à peaufiner ses capacités d'attachement et de détachement ? À première vue, la nostalgie représente un refuge consolateur dans le passé, et donc un attachement à ce passé. Mais les choses sont plus compliquées. Car les études montrent qu'il existe une dimension réparatrice et réconfortante de la nostalgie, qui n'est pas de l'ordre de l'attachement (à son passé), mais du détachement (de sa tristesse que cela soit passé). À certaines conditions, bien sûr : il semble qu'il existe un art de la nostalgie. La nostalgie consolatrice d'un présent difficile consiste à choisir de se tourner vers les beaux moments de son passé (cela fait du bien de les revivre), et de décider d'une perspective adaptée : on se réjouit tout de même de les avoir vécus, même s'ils sont désormais derrière nous. Dans ce cas, la nostalgie est comme une expérience réussie de détachement heureux d'avec le passé.

Mais la nostalgie permet aussi bien d'autres choses : par exemple, se nourrir de son passé revisité, ouvrir les yeux sur lui, revivre l'intensité du moment présent mais des années plus tard. Voilà ce qu'en dit Gustave Thibon : « Souvenirs lointains plus présents que des présences : les plus humbles détails de l'existence, vécus en leur temps comme insignifiants, prennent tout à coup un sens mystérieux et démesuré qui les projette hors de la durée et du relatif. Émotion à retardement qui rejoint les sources de l'être, résurrection par l'adieu : on revit à fond ce qu'on n'avait vécu qu'en surface[6]. » Dans ces lignes, le philosophe nous montre comment nous pouvons, par le souvenir et la nostalgie, prendre conscience de la densité, jusque-là incomprise, de notre vie.

Dans un de ses livres, Joseph Kessel parle ainsi d'un vieil homme (et sans doute aussi de lui-même, alors âgé) : « Pour lui, vivre, c'était maintenant se rappeler. Et il faisait tourner ses souvenirs selon la rose des vents[7]. » En prenant de l'âge, se remémorer ses souvenirs et toute sa vie, ce n'est pas tant fuir l'idée de la mort et du vieillissement que s'en consoler par avance. Je me souviens de ces paroles d'un de mes patients âgés : « Plus jeune, j'avais des souvenirs ; aujourd'hui, j'ai un passé. » Il voulait dire qu'avec le temps il convoquait ses souvenirs jusqu'alors épars, et les réorganisait en une histoire cohérente : et cette cohérence, nous l'avons dit, est source de consolation. Jeune on vit dans un présent ouvert à l'avenir ; âgé on vit dans un présent ouvert sur le passé. Plus l'incertitude et l'angoisse du futur sont fortes, plus la certitude et la sécurité du passé nous sont nécessaires. Peut-être est-il ainsi possible de mieux se préparer à laisser cette vie, pourvu que l'on reste en lien heureux avec son passé ?

Puisse ta vie embellir le monde

Je reçois un jour la lettre d'une ancienne psychologue stagiaire, qui m'annonce la naissance de jumeaux : « Cher Christophe, Voici arrivés nos petits anges ! Ils se portent à merveille et nous aussi ! Puissent leurs vies embellir le monde. Je t'embrasse. À bientôt. » Je suis saisi d'une joie totale et inexplicable à la pensée de ces deux petits humains qui vont peut-être – comme le souhaite leur maman – embellir le monde. Comment expliquer cette émotion consolatrice – à cet instant – de toutes mes inquiétudes sur l'avenir de la planète ? Sans doute parce que cela me fait penser qu'un jour je ne serai plus là, que ces enfants seront à ma place et que, peut-être, le monde sera effectivement plus beau, grâce à eux et leurs semblables. Et cette pensée, fragile, hypothétique, incertaine, mais portée par l'amour d'une mère, me raconte une jolie histoire qui me bouscule et me console.

Finalement, le détachement, c'est un allègement

Je repense à un guide de haute montagne qui nous accompagnait souvent dans nos randonnées : à chaque fois, il inspectait nos sacs avant le départ et nous faisait abandonner la moitié de ce que nous avions prévu de porter. « Le confort, ce sera d'avoir un sac léger ; on ne part pas en haute montagne pour vivre du confort, mais pour vivre quelque chose de plus fort : l'émerveillement ! » Il avait raison : nous devons sans cesse nous alléger pour accéder à la liberté de pensée et de mouvement. Mais cette liberté demande efforts et vigilance, comme le rappelle la devise martiale de l'US Air Force : « Le prix de la liberté, c'est la vigilance éternelle[8]. » Voilà pourquoi nous devons pratiquer une vigilance tranquille mais exigeante envers tous les attachements et toutes les certitudes, ces attachements mentaux qui sans cesse renaissent en nous.

Mourir et vivre

Toute réflexion sur les souffrances liées à des attachements anxieux (posséder) et les consolations liées à des attachements sereins (savourer) conduit à réfléchir à l'ultime détachement, contraint : celui d'avec la vie.

Je me souviens d'une discussion avec un ami philosophe à propos de la mort. En pastichant le publicitaire Jacques Séguéla (qui clamait autrefois : « Si à 50 ans vous n'avez pas de Rolex, c'est que vous avez raté votre vie ! »), il me disait : « Si à 70 ans vous avez toujours peur de la mort, c'est que vous avez raté votre vie ! » Il s'agit non pas d'être obsédé par la mort, désolation ultime, mais d'apprendre à exister avec l'idée de la mort, pour mieux vivre. Et chaque désolation, et chaque adversité, une fois traversées, sont des occasions d'exercices contraints, pour réfléchir à la mort dans cet esprit : vivre chaque jour en pensant à la mort est sans doute plus fécond que vivre chaque jour en se croyant immortel.

Jules Renard dans son journal notait : « Maladie : les essayages de la mort. » Et l'adversité, de quoi est-elle l'essayage ? De notre fin, de notre disparition ? Plutôt de la lucidité ! La vie est souffrance et se termine par la mort. Et une fois que cela est compris et accepté, on peut passer à autre chose. Un bonheur adulte et résilient peut alors naître, exister et s'épanouir. Une fois rescapé de la grande adversité, maladie grave ou deuil, on comprend qu'on va mourir un jour et que la vie est belle, simplement parce qu'elle est la vie, sans autre condition nécessaire.

Voici ce qu'en disait une de mes patientes : « La maladie m'a rappelé que j'allais mourir, ce que j'avais tendance à oublier. Je suis rescapée et vivante pour le moment, mais je sais maintenant, de source sûre, que ça va s'arrêter un jour, proche ou lointain. La perspective de ma mort était une connaissance, la maladie l'a transformée en expérience tangible. La peur de la mort a reculé, mais pas l'envie de profiter du temps qui me reste à vivre, quelle qu'en soit la durée. »

Le vieillissement est une autre occasion d'apprendre à mourir, c'est-à-dire à accepter intelligemment qu'on va quitter un jour la vie et à en faire au préalable le meilleur usage possible. Notre société, qui veut effacer la mort, veut aussi effacer la préparation à la mort : le vieillissement du corps. Absurde, car cela nous interdit toute forme de consolation anticipée. Même sous forme d'illusion utile : se dire que c'est pour nous préparer à le quitter que notre corps se déglingue ; plus il devient inconfortable et bancal, moins nous regretterons de l'abandonner. Pour certains, affectés par la maladie, la mort est comme un soulagement à la souffrance ; pour d'autres, usés, elle est un soulagement à la fatigue de vivre.

Enfin, dans ce qui nous prépare au détachement utile, il y a les consolations liées à la prise de conscience des « dernières fois ». Je me souviens de mes tristesses de fin d'année durant ma scolarité, du primaire à l'université : séparations, sans doute, mais aussi certitudes inconscientes – et violemment ressenties – que des tas de visages allaient disparaître de ma vie. Dans notre vie, il se produit beaucoup de ces *dernières fois* dont nous n'avons pas conscience : dernière fois que l'on voit un ami, un endroit, dernière fois que l'on vit une expérience. Jeunes, nous l'ignorons, ou du moins n'en avons qu'un vague pressentiment. Mais à partir d'un certain âge, leur nombre augmente de façon vertigineuse, et nul ne peut plus l'ignorer. La sagesse, alors, c'est prendre conscience que nous sommes peut-être en train de vivre une « dernière fois », s'arrêter pour s'en réjouir et savourer la vie encore plus profondément, plutôt que se raidir dans l'angoisse du refus.

Continuer à ne pas mourir[9]

Dans un de ses romans[10], Emmanuel Carrère cite la lettre d'un petit garçon de 8 ans à sa grand-mère : « Je ne suis pas encore mort... Je continue à ne pas mourir. » Il ne dit pas : « Je continue de vivre, je suis toujours en vie... » mais : « Je continue à ne pas mourir... » Le petit garçon sait pourquoi il écrit cela : c'est l'époque des grandes purges soviétiques de 1936, durant lesquelles Staline, tout à son délire paranoïaque, envoie des millions de ses concitoyens au Goulag et à la mort. Le danger est présent chaque jour. La mort rôde partout et il n'y a de place que pour la survie.

Mais cela est vrai aussi à tout instant de toute vie : la mort est toujours proche, toujours possible. Elle est comme une invitée indésirable, qui se cache derrière les rideaux du salon pendant que nous sommes occupés à nos petites allées et venues : si on regardait mieux, on verrait le bout de ses pieds qui dépassent.

Pourtant, vivre en songeant chaque instant à la mort est trop difficile, trop angoissant. Alors nous absorbons des philtres d'oubli : nous nous lançons dans tout un tas d'actions utiles ou de distractions futiles, pour tenir ces pensées à distance. Jusqu'au jour où la mort nous rattrape, nous prend dans ses mâchoires, nous secoue... et parfois nous relâche, au lieu de nous avaler : un accident dont on réchappe, une mala-

die dont on guérit… Ou bien, c'est un proche qui meurt, que la mort garde entre ses crocs et emporte au loin… Alors nous comprenons que ces tentatives d'oubli ne sont qu'un palliatif, et que c'est de consolation que nous avons besoin, non de refoulement.

Quand j'ai perdu mon meilleur ami, alors que j'étais étudiant, la mort est entrée pour toujours dans ma vie. Depuis, je sais qu'elle est là, fidèle, tranquille, à mes côtés. Sa présence me rend service. Lorsque je monte sur mon scooter, elle s'installe derrière moi, sur la selle, et pose ses mains sur mes épaules. Alors, je sais que je peux mourir à chaque trajet. Je sais que lorsque je roule sur le périphérique parisien, je suis comme une antilope qui galope entre des éléphants et des rhinocéros : s'ils font un écart, je suis mort. C'est comme ça. Mais je crois aussi que me rappeler cela m'aide à ne pas oublier ma fragilité : mon boulot va consister à rester hypervigilant en conduisant, mais sans me crisper. Puis, en descendant de mon scooter, je débranche mon logiciel « conscience de la mort », et je me tourne vers la vie.

Année après année, ce système s'est perfectionné. Il ne s'est sans doute pas passé une journée sans que je pense à la mort. Et pas une journée sans que je m'efforce de me consoler en me rappelant que j'étais toujours en vie, que je respirais encore. Et comme le dit Jon Kabat-Zinn, mon maître de méditation : « Tant que vous continuez de respirer, c'est qu'il y a dans votre vie plus de choses qui vont bien que de choses qui vont mal. » Consolation de la respiration, de la conscience de la respiration… C'est cette troisième voie, et elle seule, entre déni et obsession de la mort, qui peut rendre notre vie heureuse et lucide, et nous consoler de notre disparition à venir.

Existe-t-il une croissance post-traumatique ?

En 1987, un ferry qui effectuait la traversée entre l'Angleterre et la Belgique fait naufrage : 193 passagers meurent noyés. Une équipe de psychologues et de chercheurs prennent alors en charge les quelque 300 survivants. Ils aident les personnes qui présentent des symptômes de stress post-traumatique, mais ils s'aperçoivent aussi que plus de 40 % d'entre elles n'en souffrent pas, et déclarent, au contraire, que ce choc a favorablement changé leur vision du monde et de l'existence : elles savourent mieux leur chance d'être en vie, se sentent plus heureuses et en harmonie avec leurs proches[11]. Ces travaux lancent une troisième vague de recherches sur les conséquences psychologiques des traumatismes : après l'étude des séquelles et du stress post-traumatique, après celle de la récupération et de la résilience, vient alors l'étude de ce qu'on appelle la *croissance post-traumatique*.

La croissance post-traumatique désigne la possibilité de s'appuyer sur une expérience traumatique que l'on a pu dépasser pour progresser et vivre mieux qu'avant l'adversité. Il y aurait ainsi trois étapes de la reconstruction après épreuve :

1. survivre (surnager et ne pas sombrer, on est encore dans l'adversité) ;
2. se remettre à vivre (c'est ce qu'on appelle la résilience, l'adversité est passée) ;
3. mieux vivre (avoir intégré l'adversité dans notre histoire, et s'en trouver enrichi).

S'agit-il d'un mensonge réconfortant ou d'une vérité ? En fait, beaucoup d'études[12] semblent indiquer que c'est une réalité pour un nombre finalement assez important de personnes. Mais certaines conditions doivent être réunies pour que le malheur soit une expérience et non un traumatisme : il faut disposer de ressources personnelles et relationnelles, parmi lesquelles figurent toutes les nourritures de la consolation et de l'autoconsolation. La consolation agit comme une main tendue, à toutes les étapes de notre chemin de croix : elle sèche nos larmes, nous tire du fond du trou, guide nos pas, nous relève si nous retombons… Elle nous apprend la patience, nous rend plus tolérants envers la lenteur de notre reconstruction. Elle nous apprend la bienveillance envers nous-mêmes. La consolation est comme une boussole quand on est perdu : on s'en remet alors aux autres, à leurs paroles, à leurs conseils, leur amour et leur affection.

Cioran, qui n'était pas un rêveur, rappelait ceci : « Sur le plan spirituel, toute douleur est une chance ; sur le plan spirituel seulement[13]. » Je crois qu'il ne faut pas comprendre cette remarque comme un message pour nous détourner de cette idée de croissance post-traumatique, mais pour la chercher dans la bonne direction. À première vue, c'est souvent, dans notre vie, la paix concrète, matérielle, qui nous permet de nous tourner vers la paix spirituelle ; si nous éprouvons trop de souffrances ici-bas, nous y restons fixés, dans une lutte pour la survie, pour restaurer notre sécurité. Le spirituel est en quelque sorte placé au second rang de nos besoins. Mais lorsque le temps violent de la désolation est passé (le temps du deuil, de la perte déchirante, du manque asphyxiant), alors les vrais secours viendront de l'immatériel : l'amour, la spiritualité, la foi, les illusions qui consolent, de tout ce fragile impalpable dont nous avons parlé.

Pour comprendre la croissance post-traumatique, il faut aussi comprendre les règles qui régissent la psychologie des fins et des commencements. Le deuil et l'adversité surviennent souvent de manière brutale, identifiable, mais la renaissance du bonheur est floue et progressive. De ce fait, il y a de longs enlisements dans l'adversité : si l'on ne croit pas le bonheur possible, si on ne le protège pas, si on ne le nourrit pas de notre attention, sa repousse est bien plus lente. Le malheur n'a pas ces fragilités ni ces exigences, et il peut s'imposer à nous, même si nous ne nous occupons pas de lui, et si nous regardons ailleurs. C'est pourquoi bien souvent on tombe plus vite qu'on ne remonte. Le mal arrive d'un coup, immense et brutal ; le bien ne revient que tout doucement, fragile et incertain.

Ce qui habite une personne revenue des épreuves, c'est, au début, le goût amer d'un savoir que l'on aurait préféré ne pas découvrir : le bonheur est fragile, beaucoup des buts de notre vie sont dérisoires, nous barbotons trop souvent dans la superficialité et dans une double inconscience : inconscience de la fragilité de la condition humaine et inconscience de sa beauté. Nous comprenons que nous vivions, sans le savoir ni le vouloir, dans la banalité, la superficialité, la médiocrité.

Après une grande épreuve, cette manière de vivre ne nous attire plus, et nous ne voulons pas y replonger. Pas question de retourner à des activités divertissantes, mais insignifiantes. On découvre parfois que c'est toute notre existence qui doit changer. Ou bien notre regard sur elle : nous avons compris la différence entre le banal appauvrissant et le banal enrichissant. Il n'y a plus rien d'anodin aux yeux de qui a failli mourir ou a vu mourir un proche. On ne s'enrichit d'une épreuve que quand on a compris ceci : notre vie est faite d'un enchaînement de merveilles simples. C'est la vertu – la seule, mais immense ! – de la souffrance : nous ouvrir les yeux sur le bonheur de *l'absence de souffrance*. Rage de dents puis fin de la rage de dents : la dent a été soignée ou elle est tombée. Et cette séquence nous en a plus appris que de longs discours philosophiques ou psychologiques sur la douleur. C'est désolant de simplicité pour certains intellectuels, mais moi, cela me réjouit, cette leçon accessible à tout le monde, selon la formule de Gide : « L'expérience instruit plus sûrement que le conseil[14]. » La personne qui a traversé l'enfer peut regarder sans crainte en direction de l'avenir : elle y voit la vie qui reste, et non la mort qui vient. Elle raisonne comme Origène, un des Pères de l'Église, et un drôle de bonhomme par ailleurs, qui enseignait en son temps (vers l'an 250) : « Éprouvez tout, et retenez ce qui est bon[15]. » Affronter et accepter ce qui nous vient, puis savourer ce qui mérite de l'être : quelques siècles après, le programme reste d'actualité...

Trois héritages (possibles) de nos consolations

La révélation de l'interdépendance et de son cœur battant, la gratitude

À la fin de son ouvrage *La nuit se lève*, dans lequel elle décrit la survenue de son glaucome, la journaliste Élisabeth Quin cite cette phrase : « J'ai toujours eu confiance dans la bonté des inconnus[16] », soulignant qu'elle pourrait être la devise des malvoyants, dont elle va bientôt faire partie. Mais cela pourrait aussi être la devise de tous les humains, vulnérables mais confiants...

L'interdépendance est à la fois une réalité et un idéal. Réalité : sans les autres, nous ne pouvons ni survivre ni nous épanouir. Idéal : une fois cette réalité comprise et acceptée, il s'agit de la vivre non comme une menace (« Sans les autres, je ne suis rien ») mais comme une chance (« Grâce aux autres, ma vie est plus belle ») et comme un objectif (multiplier les liens, les échanges, les soutiens mutuels, dans la joie, sans compter).

C'est l'interdépendance qui nous sauve lorsque nous sommes dans la désolation, par le secours des affections que l'on nous porte. La devise de l'interdépendance, c'est : « Tout seul on va plus vite, mais ensemble on va plus loin. » On pourrait lui ajouter : « Et ensemble, on se relève mieux de toutes les fois où l'on tombe. » C'est le bien que nous fait la consolation venue des autres qui nous montre qu'il y a des choses que nous ne pouvons pas complètement nous apporter à nous-même.

L'émotion reine de l'interdépendance, c'est la gratitude : être conscient de ce que l'on doit à nos semblables, et s'en réjouir. À chaque bonheur, à chaque succès, penser que d'autres nous ont aidés à arriver jusqu'à cet instant ; les remercier alors, dans notre cœur et par nos pensées, mais aussi, si possible, par des mots, dans la réalité. La gratitude nous permet de comprendre que notre vie n'est belle que par ce que les autres nous ont donné, autrefois ou aujourd'hui ; et qu'elle ne le restera que si l'interdépendance continue.

Dans la désolation, il est fréquent que la gratitude ne nous vienne que dans un second temps, bien après qu'on a été consolé. Quand on se noie, on ne pense pas à dire « merci » tout de suite à qui nous sauve et nous ramène à terre, on reprend d'abord son souffle et ses esprits. Peu importe. La psychologie positive nous enseigne que la gratitude se cultive, aussi, par de petits exercices *a posteriori*, qui n'ont de naïf que l'apparence : tous les soirs en s'endormant, songer au bien qu'on nous a fait dans la journée, aux sourires, aux conseils, aux aides... Cela fonctionne très bien, les études sont nombreuses[17].

J'aime ces exercices qui semblent ne rien changer sur le moment (comment de petites gammes mentales, accomplies avant le sommeil, pourraient-elles modifier quoi que ce soit ?), rien sauf notre regard sur la vie. Mais comme chacun sait, ce regard peut tout transformer.

La conscience de l'interdépendance est une richesse considérable, mais la prise de conscience de son existence et de son importance nous vient plus facilement après les épreuves : les aides et les consolations reçues alors nous montrent à quel point elle est vitale. Faire vivre la gratitude en soi, chaque jour, est une manière de faire vivre et respirer et s'épanouir la conscience de l'interdépendance, de nous rendre attentifs aux consolations à dispenser et, le jour venu, réceptifs aux consolations à recevoir.

L'émerveillement

Nous l'avons vu, la philosophie nous enseigne volontiers que, pour découvrir les vrais bonheurs, il peut être utile d'avoir traversé une épreuve ou d'avoir compris que la vie ne manquerait pas de nous en réserver. Mais la souffrance n'est pas la seule occasion de prise de conscience de ce qu'est vraiment la vie. Et les épreuves ne sont pas les seules déchirures possibles dans le voile d'illusions qui nous masque la réalité. Plutôt que de compter sur la croissance post-traumatique pour redécouvrir le sens de la vie, nous pourrions essayer une autre voie, celle de la croissance *pré*-traumatique, et remplacer l'agaçant « Ce qui ne nous tue pas… » par une autre formule : « Deviens plus fort de tes chances, au lieu de devenir plus fort de tes malheurs. »

Il nous faut pour cela trouver la capacité de pleurer et sourire de la vie, de s'attendrir de ses émotions et même de ses démolitions, comme dans cette histoire : « [C'est] une très vieille dame, qui a perdu la tête, mais pas la mémoire. Elle prend son mari pour son père, et lui parle comme si elle avait quinze ans ; et lui, fasciné, écoute d'interminables histoires de collège, de condisciples, de premières amours : il découvre sa femme d'avant[18]. »

Dans ce domaine, nos maîtres sont souvent les joyeux et les émerveillés. Les émerveillés, je les voyais autrefois comme des presque nigauds, des personnes à qui il manquait quelque chose : la lucidité. Je les vois aujourd'hui comme des humains avisés, avec quelque chose en plus : la lucidité. Mais la lucidité du sage et non celle du guerrier.

Émerveillé, l'écrivain Joseph Kessel, qui meurt devant sa télévision, regardant un reportage sur la spéléologie, et dont les derniers mots sont : « C'est merveilleux[19]... »

Émerveillé, cet ami qui un jour me dit : « Le bonheur m'a mis une grosse claque. » Lui qui était un sombre venait d'avoir un enfant. Qui l'avait fait basculer dans un autre monde, un monde de joie et d'émerveillements, sous l'effet d'un mécanisme exactement inverse et symétrique à celui du stress traumatique : le traumatisme (trop rare) du bonheur, et de sa révélation soudaine et incontestable...

Émerveillé, Pierre, mon beau-père, qui plaçait soigneusement dans une grande chemise cartonnée toutes les coupures de presse traitant d'événements réjouissants : progrès technologiques, traités de paix, embellissements du monde. Il y notait aussi des événements privés, des réconciliations ou des bonnes nouvelles familiales, des moments touchants. Il avait écrit sur ce dossier : « Choses qui m'émerveillent ». Et il consacrait à cette veille eudémonique autant d'énergie que les pessimistes en consacrent à scruter les signaux angoissants.

Au fur et à mesure que je comprends que la vie c'est « souffrir, souffrir, souffrir et à la fin mourir », je comprends aussi qu'il y a plusieurs manières d'habiter cette traversée, celle des affligés et celle des émerveillés. Et que la seconde est non seulement plus sage que la première, mais aussi plus intéressante.

Jamais blessés par la vie, les émerveillés ? Bien sûr que si. Mais aussitôt autoconsolés, comme réparés bien vite par leur immunité psychologique, quotidiennement nourrie par l'émerveillement : « Quoi qu'il arrive, rien à regretter, cette vie aura été belle, joyeuse et intéressante. » Chaque petit moment heureux leur est comme une consolation des peines passées et à venir. Les émerveillés sont des libérés, toujours réconfortés par avance des revers et des souffrances : toujours disponibles pour l'émerveillement et le bonheur de l'instant, parce que non accrochés aux émerveillements et bonheurs précédents, perdus, passés ou manqués.

L'acceptation de nos blessures, puis l'affection à leur porter

On peut regretter d'avoir traversé des épreuves, parce qu'elles nous ont blessés, fragilisés, parce qu'elles nous ont fait perdre un certain nombre d'illusions. Autant regretter d'avoir vécu, parce que la vie nous a fait vieillir ! Il s'agit d'un mouvement naturel : le temps qui passe nous démolit et nous enrichit. Les deux processus sont indissociables ; ils peuvent nous être invisibles, mais ils n'ont pas besoin de notre regard pour exister, ils sont là quoi qu'on fasse, gains et pertes. Alors, soit nous nous focalisons uniquement sur l'un ou sur l'autre, soit nous apprenons à les regarder tous les deux de manière approfondie. Pour se consoler de ce qu'on a perdu avec le passage du temps et des épreuves, il suffit de voir ce que le temps et la vie nous ont offert, aussi, grâce à lui.

Il y a quelque temps, j'ai fait tomber, en la changeant de place dans mon bureau, une petite statuette ancienne en plâtre dont m'avait fait cadeau une amie, il y a bien longtemps à Toulouse[20]. Il s'agissait d'une Vierge toute simple, debout, portant auréole et robe brune, et joignant ses mains pour prier. Le choc la décapita. J'étais désolé, et pour la statue et pour le souvenir qu'elle représentait. Je la recollai tant bien que mal, et les premiers temps, voir sa cicatrice, le joint de colle et le plâtre écaillé m'attristait un peu. Je dis bien un peu, car effectivement il y a dans notre vie des choses plus importantes qu'un petit objet brisé ; mais vous savez comme moi comment fonctionne notre esprit. Avoir réparé et recollé la statue ne m'avait pas consolé. J'ai eu envie de m'en débarrasser : plutôt ne plus voir un bel objet cassé que me rappeler à chaque fois avec tristesse que j'aurais pu ne pas le briser. Mais je n'ai pas pu m'y résoudre. Alors je me suis dit que la cicatrice de son cou faisait désormais partie de son histoire, de notre histoire à elle et moi.

Ça m'a un peu consolé. Puis le temps a passé, et a continué de manière souterraine le travail de consolation, que j'avais de mon mieux mis sur les rails. Aujourd'hui, quand je regarde la statue, qui est toujours là dans mon bureau, je porte un regard apaisé sur la trace à son cou. Et enrichi : les souvenirs de sa chute, de ma petite tristesse et de sa réparation se sont ajoutés aux souvenirs de mon amie, de Toulouse, de la pièce où elle était alors posée, etc. Son aventure me rappelle à chaque fois le principe d'impermanence, si cher aux bouddhistes : tout se casse et tout passe. Notre destin, à la statuette et à moi, c'est de nous casser, de nous décomposer et de redevenir atomes et poussière ; puis de nous recomposer en autre chose encore...

Les jours où je suis en forme, je trouve la petite Vierge tout aussi belle maintenant que jadis, avec sa trace de fracture ressoudée. La cicatrice ne l'empêche pas d'être pleine de grâce. Peut-être même est-elle plus belle que si elle était restée intacte. Comme dans l'art japonais du *kintsugi*...

L'esprit du *kintsugi* consiste à considérer que lorsqu'un objet précieux, par sa valeur ou par son histoire, se brise, il faut soigneusement le réparer, mais ne pas chercher à masquer cette réparation. Au contraire, la rendre belle et visible, puisqu'elle est désormais partie prenante de son identité. Dans le *kintsugi* traditionnel, on répare principalement des bols en porcelaine ou céramique : on utilise pour cela une colle qui rejointe minutieusement les morceaux, et que l'on recouvre ensuite elle-même d'un trait de laque à base d'or. On obtient alors des objets réparés plus précieux encore que ceux qui ne se sont pas cassés, dont les fines cicatrices en or rehaussent la beauté et racontent un chapitre de leur histoire, et de celle de leur propriétaire. Je ne connais guère de plus belle, plus intelligente et plus élégante consolation au chagrin d'une casse matérielle.

J'aime cette pratique, qui a quelque chose d'étonnant, à contre-courant d'une époque où l'on jette volontiers ce qui est usé ou brisé. Je l'aime d'autant plus que j'ai parfois l'impression de rencontrer des humains *kintsugi* ! Des humains que la vie a cabossés, mais qui ont réussi à s'en remettre, et qui n'en ont pas gardé d'amertume ou de ressentiment. Au contraire, qui ont progressé, qui se sont à la fois reconstruits et agrandis, améliorés, bonifiés.

Ils ont recollé les morceaux de leur vie brisée : ils ont pleuré, ils ont été consolés, ils ont travaillé à aimer à nouveau la vie et les humains ; et peu à peu leurs cicatrices psychiques se sont recouvertes de l'or de la bienveillance et de la sagesse, d'une certaine sagesse, une sagesse consolée, celle que l'on rencontre souvent chez les personnes qui ont traversé un bout d'enfer, et qui s'en sont sorties avec l'envie d'aimer la vie. Je les vois, tout autour de moi : tel ami qui boite après un grave accident, telle autre qui a réchappé à une dépression sévère, tel patient guéri après de nombreuses hospitalisations. Ils se seraient bien passés de se retrouver brisés par l'adversité. Mais aujourd'hui, chacun de leurs sourires vaut de l'or : ils sont devenus *kintsugi*.

Regarde sans frayeur la fin de toutes choses

La beauté qui te suit depuis ton premier âge,
Au déclin de tes jours ne veut pas te laisser ;
Et le temps orgueilleux d'avoir fait ton visage,
En conserve l'éclat et craint de l'effacer.

Regarde sans frayeur la fin de toutes choses.
Consulte le miroir avec des yeux contents.
On ne voit point tomber ni tes lys ni tes roses ;
Et l'hiver de ta vie est ton second printemps.

Le poète **François Maynard**, s'adressant en 1638 à son amour de jeunesse, mariée avec un autre, depuis devenue veuve, et dont il est resté amoureux[21]

Rien n'est jamais fini…

Aorasie : les Grecs désignaient par ce mot l'apparition d'un être divin que l'on reconnaît au moment même où il disparaît. La consolation, au début, est une aorasie : elle naît d'un mot, d'un geste, d'une parole, d'un effort, qui nous font un tout petit peu de bien, un bien fragile et labile. Ce bien ne dure qu'un instant, puis il s'efface, puis le chagrin revient.

Pourtant, cet instant nous maintient en vie, il nous offre un minuscule et imperceptible élan, jusqu'à la consolation suivante, jusqu'au bonheur suivant.

Nous en sommes rarement conscients car, dans nos désolations, la tristesse ou l'inquiétude prennent en nous toute la place, écrasant toute réceptivité, toute capacité à déceler un léger mieux. Peu importe.

Ce n'est que plus tard, revenus à la vie, que nous comprenons ce qui s'est passé : ces instants nous ont consolés.

La consolation, au fond, c'est la même chose que le bonheur, mais sous la lumière noire du malheur. C'est accepter de se laisser toucher par la douceur des choses, la tendresse des humains, la beauté du monde, alors qu'on est dans la détresse, et que tout bonheur semble inutile, dérisoire, offensant parfois.

Alors, la lumière vacillante de la consolation nous indique une issue au loin, et sa voix imperceptible nous murmure : « Rien n'est jamais fini. Il suffit d'un bonheur pour que tout recommence[22]. »

Et être consolé, c'est vouloir croire à cela : oui, rien n'est jamais fini, il suffit d'un bonheur pour que tout recommence...

Bibliographie commentée

Consolations philosophiques

Alain de Botton, *Les Consolations de la philosophie*, Mercure de France, 2001

Un ouvrage accessible, concret et vivant, racontant comment Socrate peut consoler d'être impopulaire, Épicure de manquer d'argent, Montaigne de ne jamais se sentir à la hauteur, Schopenhauer d'avoir des chagrins d'amour, etc. Un compagnonnage pédagogique et motivant !

André Comte-Sponville, *L'Inconsolable et autres impromptus*, PUF, 2018

Seul le premier des petits textes que comporte ce livre est consacré à la consolation, mais il vaut le détour (les autres aussi, d'ailleurs). L'auteur y parle sobrement de ses épreuves, en montrant ce qui l'a alors aidé : le mouvement de l'amitié et de la vie, plus encore que la philosophie. Brillant et réconfortant.

Vincent Delecroix, *Consolation philosophique*, Payot & Rivages, 2020

Un ouvrage sombre et finalement assez dubitatif sur la possibilité de toute entreprise de consolation, notamment par la philosophie : « Qui d'ailleurs s'est jamais consolé en suivant fidèlement les instructions fournies par les *Lettres à Lucilius* ? »

Michaël Fœssel, *Le Temps de la consolation*, Seuil, 2015

Une longue et profonde réflexion philosophique et politique sur les significations et les rôles sociaux de la détresse et de la consolation dans toute société humaine : « En pensant la consolation, on fait droit au pouvoir subversif du chagrin que ni les injonctions au deuil ni les impératifs de résilience ne parviennent à étouffer. »

Consolations collectives

Jacques Attali et Stéphanie Bonvicini, *La Consolation*, Naïve/France Culture, 2012

Issu d'une émission de France Culture, ce livre présente les regards sur la consolation de nombreux invités, penseurs, journalistes, psychiatres, prêtres, rabbins, ou simplement de personnes touchées par un deuil. Une belle richesse de points de vue variés, souvent intimes et spontanés.

Collectif, *La Consolation. Mots pour maux*, Autrement, 1997

Une multiplicité de regards (écrivains, philosophes, artistes…) sur tous les visages de la consolation : du cinéma à l'opéra, de la philo à la psycho, de la caresse à la prière…

Consolations vécues

Anne-Dauphine Julliand, *Consolation*, Les Arènes, 2020

« J'ai perdu mes filles. À ces mots, certains s'éloignent […] D'autres se taisent […] D'autres murmurent "moi aussi" […] D'autres enfin s'approchent… » Le récit, touchant et aidant, des consolations reçues par une maman qui a eu la douleur de perdre deux enfants.

Claire Oppert, *Le Pansement Schubert*, Denoël, 2020
Comment une musicienne, violoncelliste, découvre que sa musique, jouée auprès de personnes en fin de vie, malades, handicapées, peut avoir un pouvoir consolateur inattendu. D'étonnements en émerveillements, le livre raconte la multitude de rencontres autour de ce scénario simple : une femme joue du violoncelle, des personnes qui souffrent l'écoutent et en sont réconfortées.

Consolations psychologiques

Christophe Fauré, *Vivre le deuil au jour le jour*, Albin Michel, 2008 (2e édition) ; et Alain Sauteraud, *Vivre après ta mort*, Odile Jacob, 2017
Deux ouvrages de médecins psychiatres experts de l'accompagnement des personnes endeuillées. Pas spécialement dédiés à la consolation, mais riches d'explications et de conseils qui, eux, s'avéreront peu à peu consolants.

Consolations de la religion

Dante, *Je cherchais ma consolation sur la terre…*, Gallimard, « Folio sagesses », 2018
À la mort de Béatrice, l'amour de sa vie, Dante est désespéré, puis trouve sa consolation dans Dieu et ses grâces, après avoir échoué à la recevoir des textes philosophiques et du temps qui passe.

Maître Eckhart, *La Divine Consolation*, Rivages, 2004

Ce traité du célèbre bénédictin et mystique médiéval était destiné à la reine Agnès de Hongrie, et invitait à se tourner vers la grâce divine. Pour l'auteur, il importe avant tout d'accéder à la « divine consolation », ce qui signifie retrouver la présence cachée de Dieu en nous, non seulement par la foi mais aussi par tout un travail de détachement personnel ; ce second point lui valut un procès en hérésie par l'Inquisition.

Monique Durand-Wood, *Consolation. Avis de recherche*, Cerf, 2018

Le récit romancé d'une recherche de la consolation, raconté par Adèle, aumônière à l'hôpital, après sa rencontre avec un petit garçon en fin de vie. Après avoir cherché du côté de la philosophie, elle tourne sa quête du côté de la foi chrétienne, puis de la chambre du petit garçon, jusqu'à la résolution de l'énigme.

Delphine Horvilleur, *Vivre avec nos morts*, Grasset, 2021

Pas vraiment dédié à la consolation, mais plutôt à l'accompagnement des endeuillés, et à toute la vision de la tradition juive à propos de la mort et de la peine des proches.

Régine Maire, *Ce que dit la Bible sur la consolation*, Nouvelle Cité, 2015

Une petite anthologie de la consolation offerte par l'Ancien et le Nouveau Testament. En hébreu, le mot « consolation » s'appuie sur la racine NHM, et a donné par exemple le prénom Noé : « Celui-ci nous consolera de nos fatigues et du travail pénible de nos mains... » (Genèse, 5, 29).

Boèce, *La Consolation de Philosophie*, Les Belles Lettres, 2002

En 524, cinquante ans après la chute de l'Empire romain, Boèce, philosophe et conseiller du roi Ostrogoth Théodoric, tombe en disgrâce. Il est emprisonné, torturé et condamné à mort. Il lui reste cependant le temps d'écrire cette œuvre dans laquelle il imagine qu'une grande et belle femme lui rend visite, pour un dialogue qui lui apportera la consolation : c'est la Philosophie elle-même. Cette dernière n'est d'ailleurs pas commode et, voyant les muses de la poésie quand elle arrive au chevet de Boèce pour le consoler par l'Art, elle se met fort en colère : « Qui a autorisé ces petites putes de scène à approcher ce malade ? » C'est qu'elle a beaucoup d'autres choses à lui offrir, et que le temps presse…

Plutarque, *Consolation à sa femme*, Rivages Poche, 2018

À la mort de Timoxena, leur fillette de 2 ans, Plutarque, alors en voyage, écrit à son épouse pour la consoler, d'une manière qui nous semble aujourd'hui bien rugueuse et pompeuse, mais qui est conforme aux convenances de l'époque. Pourtant, si l'on prend le temps d'une lecture attentive, on percevra distinctement la peine de Plutarque et son souhait de préserver les plus beaux souvenirs de leur enfant : « Mais comme cette enfant était nos plus chères délices, notre plus doux spectacle, notre plus délicieux concert, de même sa pensée doit se maintenir plus fidèlement au fond de nos cœurs. Ou, pour mieux dire, nous avons à concevoir plus de joie que de tristesse… »

Sénèque, *Consolations* (*Dialogues*, tome III), Les Belles Lettres, 1975

Sénèque écrivit de nombreuses lettres de consolation à ses proches et ses amis. Il faut sans doute les considérer comme des exercices de style, auxquels les Romains étaient habitués. Mais il serait dommage d'en rester là : ces consolations sont aussi une mise en application de terrain des grands principes de la philosophie stoïcienne et de sa rude attitude face à la vie, l'adversité et la mort.

Remerciements

À Frère Denis Hubert et son double, le moine Théotime, qui me consolèrent à l'abbaye d'En-Calcat, un automne et pour toujours.

À Catherine et Sophie, pour leur soutien et leur amitié.

À Pauline, Faustine, Louise et Céleste, pour leur amour.

Notes

1. *La Légende des siècles*, XXI. « Le Temps présent », Hetzel, 1877.

1 Consolation

1. Gustave Thibon, *L'Ignorance étoilée*, Fayard, 1974, p. 47.
2. André Comte-Sponville, *L'Inconsolable et autres impromptus*, PUF, 2018, p. 25.
3. Malherbe, *Poésies*, Gallimard, 1971, p. 49.

2 Désolations

1. Vincent Delecroix, *Consolation philosophique*, Payot & Rivages, 2020, p. 137.
2. Goethe, *Faust I et II* (1808 et 1832), Flammarion, « GF », 1984, p. 220.
3. Gustave Thibon, *L'Illusion féconde*, Fayard, 1995, p. 13.
4. Marie Noël, *Les Chansons et les Heures* (1922), Gallimard, « Poésie/Gallimard », 1983 (« Conseils », p. 54).
5. *Ibid.* (« Attente », p. 44).
6. Épicure, *Lettres, maximes et autres textes*, Flammarion, « GF », 2011, p. 121 (Sentence vaticane 31).
7. Anne-Dauphine Julliand, *Consolation*, Les Arènes, 2020, p. 13.
8. *Ibid.*, p. 54.
9. Christophe Fauré, *Vivre le deuil au jour le jour*, Albin Michel, 2004, p. 234.
10. Film de Terrence Malick (2019).
11. Phrase extraite du roman *Middlemarch*, de George Eliot (Gallimard, « Folio classique », 2005).

12. Viviana E. Horigian *et al.*, « Loneliness, mental health, and substance use among US young adults during COVID-19 », *Journal of Psychoactive Drugs*, 53(1), 2021, p. 1-9. Et aussi : Helen Cowie et Carrie-Anne Myers, « The impact of the COVID-19 pandemic on the mental health and well-being of children and young people », *Children & Society*, 35(1), 2021, p. 62-74.
13. Montaigne, *Essais*, livre III (1588), chapitre 9 (« De la vanité »). Édition en français moderne de Claude Pinganaud, Arléa, 2004, p. 681.
14. Titre de l'ouvrage de l'écrivain suédois Stig Dagerman – qui s'est suicidé en 1954 – publié chez Actes Sud en 1993.
15. Francis Scott Fitzgerald, *La Fêlure* (1963), Gallimard, « Folio », 1981, p. 485.
16. Shakespeare, *La Tempête* (v. 1611), acte I, scène 2.
17. Érasme, *Les Adages*, volume 1, adage 2.7, Les Belles Lettres, 2011, p. 48-49.
18. Blog de Jacques Drillon, Les Petits Papiers, n° 66, « Les mots empoisonnés », le 17 juillet 2020.
19. Laure Adler, *À ce soir*, Gallimard, « Folio », 2002, p. 184.

3 Ce qui nous console : les remises en lien

1. Jean Lacouture, *Album Montaigne*, Gallimard, « Albums de la Pléiade », 2007, p. 136.
2. Michaël Fœssel, *Le Temps de la consolation*, Seuil, 2015.
3. Pascal Quignard, *La Barque silencieuse*, Seuil, 2009, p. 193.
4. *Rosa, la vie. Lettres de Rosa Luxemburg. Textes choisis par Anouk Grinberg*, Éditions de l'Atelier et France Culture, 2009, lettre du 30 mars 1917, p. 123.
5. Blog de Jacques Drillon, Les Petits Papiers, n° 125, « L'espion de l'âge », le 3 septembre 2021.
6. *Rosa, la vie*, *op. cit.*, lettre du 25 mai 1915, p. 53.
7. *Ibid.*, lettre du 30 mars 1917, p. 123.
8. Frans de Waal, *De la réconciliation chez les primates*, Flammarion, 1992, p. 66-67.

9. Frans de Waal, *Le Bon Singe. Les bases naturelles de la morale*, Bayard, 1997, p. 79.
10. Amrisha Vaish *et al.*, « Sympathy through affective perspective-taking, and its relation to prosocial behavior in toddlers », *Developmental Psychology*, 45(2), 2009, p. 534-543.
11. Delphine Horvilleur, *Vivre avec nos morts*, Grasset, 2021, p. 80.
12. Albert Camus et René Char, *Correspondance 1946-1959*, Gallimard, 2007 (lettre de Camus à Char du 17 septembre 1957).
13. *Ibid.*, lettre de Char à Camus du 2 décembre 1957.
14. *Ibid.*, lettre de Camus à Char en avril 1948.
15. *Ibid.*, lettre de Char à Camus du 22 juin 1947.
16. Gustave Thibon, *L'Ignorance étoilée*, *op. cit.*, p. 183.
17. Entretien dans le magazine *L'Express* en 2013 (« Christian Bobin : "Nous ne sommes pas obligés d'obéir" », entretien intégral accessible sur le site du journal).
18. Lors d'un colloque de l'association Émergences à Bruxelles, le 24 septembre 2016.
19. Alain, *Propos*, tome I, Gallimard, « Bibliothèque de la Pléiade », 1956, Propos du 31 décembre 1911 (« Gribouille »), p. 124-125.
20. D'après ma chronique parue en avril 2018 dans la revue *Psychologies*.
21. Heinrich von Kleist, *Récits*, Le Promeneur, 2000.
22. Paul Ekman *et al.*, « The Duchenne smile : emotional expression and brain physiology, II », *Journal of Personality and Social Psychology*, 1990, 58(2), p. 342-353.
23. Anthony Papa et George A. Bonanno, « Smiling in the face of adversity : The interpersonal and intrapersonal functions of smiling », *Emotion*, 2008, 8(1), p. 1-12.
24. Dacher Keltner et George A. Bonanno, « A study of laughter and dissociation : Distinct correlates of laughter and smiling during bereavement », *Journal of Personality and Social Psychology*, 1997, 73(4), p. 687-702.

25. Raconté par Pascal Quignard dans *La Barque silencieuse*, *op. cit.*, p. 15.
26. Guillaume Apollinaire, *Le Guetteur mélancolique*, Gallimard, « Poésie/Gallimard », 1970, p. 11.
27. Érasme, « De conscribendis epistolis » (1522), ch. 49-50, Exercices de rhétorique [En ligne], « Sur la consolation », n° 9, 2017.

4 Consoler autrui

1. Jules Renard, *Journal* (9 octobre 1897).
2. Cité par André Comte-Sponville dans son ouvrage *L'Inconsolable*, *op. cit.*, p. 22.
3. Dutramblay, fable « La Jeune Fille et son chat », citée par Jean-Yves Dournon dans son *Grand Dictionnaire des citations françaises*, L'Archipel, 2002.
4. Vincent Delecroix, *Consolation philosophique*, *op. cit.*, p. 210.
5. Emmanuel Carrère, *Yoga*, P.O.L, 2020, p. 135.
6. Cité par Julian Barnes dans *Le Perroquet de Flaubert*, Stock, 2000, p. 287.
7. Anders Norberg, Marcus Bergsten et Berit Lundman, « A model of consolation », *Nursing Ethics*, 8(6), 2001, p. 544-553.
8. Anna Söderberg, Fredricka Gilje et Anders Norberg, « Transforming desolation into consolation: The meaning of being in situations of ethical difficulty in intensive care », *Nursing Ethics*, 6(5), 1999, p. 357-373.
9. Anecdote rapportée par Élisabeth Quin dans son beau récit *La nuit se lève* (Grasset, 2019, p. 116). Nicolle obtint le Nobel en 1928 pour ses travaux sur le typhus.
10. Cité par Michaël Fœssel, *Le Temps de la consolation*, *op. cit.*, p. 56.
11. Delphine Horvilleur, *Vivre avec nos morts*, *op. cit.*, p. 109.
12. André Comte-Sponville, *L'Inconsolable*, *op. cit.*, p. 11.
13. George Sand, *Lettres d'une vie*, Gallimard, « Folio », 2004 ; George Sand et Gustave Flaubert, *Tu aimes trop*

la littérature, elle te tuera. Correspondance, Le Passeur, 2018.
14. Malherbe, *Poésies, op. cit.*
15. Plutarque, *Consolation à sa femme*, Rivages Poche, 2018, p. 33-53.
16. Louis-Ferdinand Céline, *Voyage au bout de la nuit* (1932), Gallimard, 1952.
17. François René de Chateaubriand, *Mémoires d'outre-tombe* (1848-1850), Gallimard, « Quarto », 1997.
18. Victor Hugo, *Choses vues* (1887-1900), Gallimard, « Folio classique », 1997.

5 Recevoir et accepter la consolation

1. Christian Bobin, *Autoportrait au radiateur*, Gallimard, « Folio », 1999, p. 21.
2. Marcel Mauss, « Essai sur le don. Forme et raison de l'échange dans les sociétés archaïques », article originalement publié dans *L'Année sociologique*, seconde série, 1923-1924.
3. Anne-Dauphine Julliand, dans une vidéo YouTube du *Figaro*, le 26 février 2021.
4. Ce récit est inspiré de ma préface au livre *L'Autocompassion* de Christopher K. Germer, paru aux éditions Odile Jacob en 2013.
5. *El Desdichado* (1854).
6. Genèse 37, 35.
7. Jérémie 31,15.
8. *In* Jacques Attali et Stéphanie Bonvicini, *La Consolation*, Naïve/France Culture, 2012, p. 139-148.
9. Anne-Dauphine Julliand, *Consolation, op. cit.*, p. 193.
10. Blog de Jacques Drillon, Les Petits Papiers, n° 107, « Le canapé du cyclope », le 30 avril 2021.
11. Stig Dagerman, *Notre besoin de consolation est impossible à rassasier* (1952), Actes Sud, 1981.

12. Fritz Zorn, *Mars*, Gallimard, « Folio », 1982, p. 19.
13. Cité par Nancy Huston in *Professeurs de désespoir*, Actes Sud, 2004, p. 103.
14. Romain Gary, *Pour Sganarelle* (1965), Gallimard, « Folio », 2013.
15. Gustave Thibon, *L'Ignorance étoilée*, *op. cit.*, p. 89.
16. Simon Leys, *Les Idées des autres*, Plon, 2005, p. 14.
17. Dans sa nouvelle *Agnès* (autoportrait, publié à la NRF en février 1927). Cité par Julian Barnes dans *L'Homme en rouge*, Mercure de France, 2020, p. 202.
18. Barbara Fredrickson, *Love 2.0*, Marabout, 2014.
19. Henry-David Thoreau, *Journal 1837-1861*, Terrail, 2005, p. 216.
20. Stig Dagerman, *Notre besoin de consolation est impossible à rassasier*, *op. cit.*

6 Les voies de la consolation

1. Dans la traduction très personnelle de Paul Claudel, *Psaumes*, Téqui, 1986.
2. Evguénia Guinzbourg, *Le Vertige* (tome I, 1967), Seuil, « Points », 1990, p. 191.
3. Cité par Tzvetan Todorov, *Face à l'extrême* (1991), Seuil, « Points », 1994, p. 99.
4. Sylvain Tesson, *Sur les chemins noirs*, Gallimard, 2016, p. 16.
5. Etty Hillesum, *Une vie bouleversée*, Seuil, 1985, p. 158.
6. *Rosa, la vie*, *op. cit.*
7. Mathew P. White *et al.*, « Spending at least 120 minutes a week in nature is associated with good health and wellbeing », *Scientific Reports*, 9(1), n° 7730, 2019.
8. Atul Kumar Goyal *et al.*, « Nature walk decrease the depression by instigating positive mood », *Social Health and Behavior*, 1(2), 2018, p. 62-66.
9. Hannah Roberts *et al.*, « The effect of short-term exposure to the natural environment on depressive mood:

A systematic review and meta-analysis », *Environmental Research*, vol. 177, 2019.

10. Albert Camus, *Noces*, « Le Vent à Djemila », in *Œuvres complètes*, tome I, Gallimard, « Bibliothèque de la Pléiade », 2006, p. 115.

11. Christian Bobin, *Ressusciter*, Gallimard, « Folio », 2003, p. 87.

12. Jessica Michel, *A parental perspective : The role of companion animals for children during separation and divorce*, thèse de l'université Edith-Cowan, 2008. Et aussi : Sargın N *et al.*, « Pet therapy : the approach to support mental health of people in their life-long during covid-19 period », *International Journal of Quality in Education*, 2021, 5(2), p. 82-97.

13. Harold Herzog, « The impact of pets on human health and psychological well-being : Fact, fiction, or hypothesis ? », *Current Directions in Psychological Science*, 20(4), 2011, p. 236-239.

14. Louis-René des Forêts, *Pas à pas jusqu'au dernier*, Mercure de France, 2001, p. 61-62.

15. *Les Épistoliers du XVIIe siècle*, Larousse, « Classiques Larousse », 1952, p. 28.

16. Paul T. Williams *et al.*, « The relationship of walking intensity to total and cause-specific mortality. Results from the National Walkers' Health Study », *PLOS One*, 8(11), 2013.

17. Jeffery C. Miller, Zlatan Krizan, « Walking facilitates positive affect (even when expecting the opposite) », *Emotion*, 16(5) 2016, p. 775-785. Et aussi : Jutta Mata *et al.*, « Walk on the bright side : physical activity and affect in major depressive disorder », *Journal of Abnormal Psychology*, 121(2), 2012, p. 297-308.

18. Cité par David Le Breton, *Marcher la vie*, Métailié, 2020, p. 123.

19. *The Art Newspaper*, publié en ligne le 20 janvier 2021.

20. Jacques Attali et Stéphanie Bonvicini, *La Consolation*, *op. cit.*, p. 10.

21. Alain de Botton et John Armstrong, *Art et thérapie*, Londres, Phaidon, 2014, p. 64-65 et p. 90.
22. Cité par Julian Barnes dans *L'Homme en rouge, op. cit.*, p. 222.
23. George Sand et Gustave Flaubert, *Tu aimes trop la littérature, elle te tuera, op. cit.*, lettre du 18 et 19 décembre 1875, p. 596-599.
24. Ce dérangeant chef-d'œuvre est à contempler au musée Unterlinden de Colmar, en Alsace.
25. Guilherme Brockington *et al*, « Storytelling increases oxytocin and positive emotions and decreases cortisol and pain in hospitalized children », *Proceedings of the National Academy of Sciences of the United States of America*, 2021, 118(22).
26. Voir par exemple le site de la compagnie La Liseuse ou Les Agités du buccal. De nombreuses associations proposent la démarche, encouragée par la Haute Autorité de santé dans le cadre des approches de soutien aux pathologies douloureuses chroniques.
27. Paul Valéry, *Œuvres*, tome I, Gallimard, « Bibliothèque de la Pléiade », 1957, p. 1422.
28. Raymond A. Mar et Keith Oatley, « The function of fiction is the abstraction and simulation of social experience », *Perspectives on Psychological Science*, 2008, 3(3) : 173-192. Et aussi : David C. Kidd et Emanuele Castano, « Reading literary fiction improves theory of mind », *Science*, n° 342, 2013, p. 377-380.
29. Matthew D. Lieberman *et al.*, « Putting feelings into words. Affect labeling disrupts amygdala activity in response to affective stimuli », *Psychological Science*, 18(5), 2007, p. 421-428.
30. Julian Barnes, *Le Perroquet de Flaubert*, *op. cit.*, p. 303.
31. Wang Wei, *Le Plein du vide*, Millemont, Éditions Moundarren, 2008, p. 23.
32. André Comte-Sponville, *Dictionnaire philosophique*, PUF, 2021 (3e édition).

33. *Rosa, la vie*, *op. cit.*, p. 177.

34. Paul Valéry, *Tel quel* (1941), Gallimard, « Folio essais », 1996.

35. Anne-Dauphine Julliand, *Consolation*, *op. cit.*, p. 155-156.

36. *Ibid.*, p. 181.

37. Alan R. Harvey, « Links between the neurobiology of oxytocin and human musicality », *Frontiers in Human Neuroscience*, 2020, volume 14, article 350.

38. Liila Taruffi et Stefan Koelsch, « The paradox of music-evoked sadness : An online survey », *PLOS One*, 2014, 9(10).

39. Tom F. M. Ter Bogt *et al.*, « "You're not alone" : Music as a source of consolation among adolescents and young adults », *Psychology of Music*, 2017, 45(2), p. 155-171.

40. Stephen Davies, « Why listen to sad music if it makes one feel sad ? », in Jenefer Robinson, *Music and Meaning*, 1997, Ithaca, NY, Cornell University Press, p. 242-253.

41. Entretien dans *Le Monde*, 16 novembre 2020.

42. Claire Oppert, *Le Pansement Schubert*, Denoël, 2020.

43. Cioran, *Œuvres*, Gallimard, « Quarto », 1995, p. 22.

44. Pour une synthèse de ces travaux, voir James W. Pennebaker et Joshua M. Smyth, *Écrire pour se soigner. La science et la pratique de l'écriture expressive*, Genève, Markus Haller, 2021.

45. Dominique Moncond'huy, *Le Tombeau poétique en France*, La Licorne, 1994.

46. Rosalie Weigand et Thomas Jacobsen, « Beauty and the busy mind : Occupied working memory resources impair aesthetic experiences in everyday life », *PLOS One*, 16(3), 2021.

47. Matthew A. Killingsworth et Daniel T. Gilbert, « A wandering mind is an unhappy mind », *Science*, n° 330, 2010, p. 932.

48. Betul Keles *et al.*, « A systematic review : the influence of social media on depression, anxiety and psychological distress in adolescents », *International Journal of Adolescence and Youth*, 25(1), 2019, p. 79-93. Voir aussi Jasmine N. Khouja *et al.*, « Is screen time associated with anxiety or depression in young people ? Results from a UK birth cohort », *BMC Public Health*, 19(1), 2019, p. 82.

49. Gioacchino Pagliaro *et al.*, « A randomized controlled trial of tong len meditation practice in cancer patients : Evaluation of a distant psychological healing effect », *Explore*, 12(1), 2016, p. 42-49.

50. Cité par André Comte-Sponville in *L'Inconsolable, op. cit.*, p. 24.

51. Victor Hugo, extrait du poème « Après avoir souffert » paru dans le recueil *Dernière Gerbe*, publié à titre posthume, en 1902 chez Calmann-Lévy.

52. Andrew B. Newberg, *Principles of Neurotheology*, Surrey, Ashgate, 2010. Voir aussi Sébastien Bohler, *Bonheur. Les émotions, comment ça marche ?*, Aubanel, 2010, p. 48.

53. Entretien avec Andrew Huberman dans *Cerveau & Psycho*, n° 130, mars 2021, p. 64-67.

54. Christian Bobin, *Autoportrait au radiateur, op. cit.*, p. 36.

55. Clara Strauss *et al*, « Mindfulness-based interventions for people diagnosed with a current episode of an anxiety or depressive disorder : A meta-analysis of randomised controlled trials », *PLOS One*, 9(4), 2014.

56. Cioran, *Œuvres, Écartèlement, op. cit.*, p. 1472.

57. Alain, *Les Arts et les Dieux*, Gallimard, « Bibliothèque de la Pléiade », 1958, p. 1058.

58. Stefan Zweig, « Le Monde d'hier », in *Romans, nouvelles et récits*, tome II, Gallimard, « Bibliothèque de la Pléiade », 2013, p. 862.

59. Alexandra M. Tullett *et al.*, « Randomness increases self-reported anxiety and neurophysiological correlates of performance monitoring », *Social Cognitive and Affective Neuroscience*, 10(5), 2015, p. 628-635. Voir pour synthèse sur ces travaux Sébastien Bohler, *Où est le sens ?*, Robert Laffont, 2020.

60. Paul Ricœur, *Soi-même comme un autre*, Seuil, 1990.

61. Épictète, *Ce qui dépend de nous*, Arléa, 2004.

62. Allon Vishkin *et al*, « God rest our hearts : Religiosity and cognitive reappraisal », *Emotion*, 16(2), 2016, p. 252-262.

Et aussi Dan Blazer, « Religion/spirituality and depression : What can we learn from empirical studies ? », *American Journal of Psychiatry*, 169(1), 2012, p. 10-12.
63. Évangile de Matthieu, 5, 4.
64. Psaume 69.
65. Hébreux 13, 22.
66. Exercice spirituel n° 316.
67. Saint Ignace de Loyola, *Exercices spirituels. Texte définitif de 1548*, Seuil, « Points sagesses », 2004.
68. Sagesse 3, 1.
69. *Blaise Pascal*, Pensées, fragment 397 (Lafuma 418 – Brunschvicg 233).
70. Gustave Thibon, *L'Ignorance étoilée*, *op. cit.*, p. 53.
71. Cioran, *De l'inconvénient d'être né* (1973), Gallimard, « Idées », 1983, p. 117.
72. Christian Bobin, *Autoportrait au radiateur*, *op. cit.*, p. 30.
73. *Ibid.*, p. 25.
74. David Servan-Schreiber, *On peut se dire au revoir plusieurs fois*, Robert Laffont, 2011, p. 156.
75. Clément Rosset, *Le Monde et ses remèdes* (1964), PUF, 2000 (2e édition), p. 47.
76. Friedrich Nietzsche, *Le Livre du philosophe* (1873), Aubier/Flammarion, 1969, p. 173-183.
77. Guillaume Apollinaire, « À la Santé », dans le recueil *Alcools* (1913).

7 Héritages de la désolation et de la consolation

1. Cité par Ruwen Ogien, lors un entretien dans *Philosophie magazine*, n° 106, février 2017.
2. Nietzsche, *Le Crépuscule des idoles* (1888), Gallimard, « Folio essais », 1988.
3. Simone Weil, *La Pesanteur et la Grâce*, Plon, 1948, p. 95.
4. Cité par Julian Barnes dans *L'Homme en rouge*, *op. cit.*, p. 79.
5. Georges Duby, *Guillaume le Maréchal ou le Meilleur Chevalier du monde*, Fayard, 1984.

6. Gustave Thibon, *L'Illusion féconde, op. cit.*, p. 22.
7. Joseph Kessel, dans le prologue (« L'Aïeul de tout le monde ») du roman *Les Cavaliers*, Gallimard, 1967.
8. Jon Kabat-Zinn, *L'Éveil de la société*, Les Arènes, 2020, p. 35.
9. D'après ma chronique dans l'émission de France Inter *Grand bien vous fasse* du 6 octobre 2020.
10. Emmanuel Carrère, *Yoga, op. cit.*, p. 233.
11. Steve Taylor, « Peut-on sortir renforcé(e) d'un trauma ? », *Cerveau & Psycho*, n° 126, novembre 2020, p. 47-49. Voir aussi Tim Dalgleish *et al.*, « The *Herald of Free Enterprise* disaster : Lessons from the first ten years », *Behavior Modification*, 24(5), 2000, p. 673-699.
12. Alex P. Linley et Stephen Joseph, « Positive change following trauma and adversity : A review », *Journal of Traumatic Stress*, 17(1), 2004, p. 11-21.
13. Cioran, *La Chute dans le temps*, Gallimard, 1964, p. 144-145.
14. Dans *Les Faux-monnayeurs*, Gallimard, 1925.
15. Cité par Didier Decoin, en exergue de son *Dictionnaire amoureux de la Bible*, Plon, 2009.
16. Cette phrase est prononcée par Blanche DuBois, à la fin du film *Un tramway nommé désir*. Élisabeth Quin, *La nuit se lève, op. cit.*, p. 141
17. Voir pour synthèse : Rébecca Shankland, *Les Pouvoirs de la gratitude*, Odile Jacob, 2016.
18. Blog de Jacques Drillon, Les Petits Papiers, n° 1, « Les tentures noires de Romain Gary », le 19 avril 2019.
19. Gilles Heuré, *Album Kessel*, Gallimard, « Albums de la Pléiade », 2020, p. 224.
20. Ce passage est inspiré de ma chronique dans la revue *Kaizen* n° 33, été 2017.
21. *Anthologie de la poésie française*, tome I, Gallimard, « Bibliothèque de la Pléiade », 2000, poème « La Belle Vieille », p. 984.
22. Émile Zola, *Germinal* (1885), Le Livre de Poche, 2000, chapitre V, p. 574.

Table

Du même auteur

Aux éditions L'Iconoclaste

La Puissance des liens, avec Abdennour Bidar, Fabienne Brugère, Boris Cyrulnik, Rebecca Shankland et Matthieu Ricard, 2023.

Quand la mort éclaire la vie, avec Christophe Fauré, Steven Laureys, Matthieu Ricard, 2022.

Consolations. Celles que l'on reçoit et celles que l'on donne, version illustrée, 2022.

Abécédaire de la sagesse, avec Alexandre Jollien et Matthieu Ricard, coédition Allary Éditions, 2020.

À nous la liberté !, avec Alexandre Jollien et Matthieu Ricard, coédition Allary Éditions, 2018.

Mon programme anti-dépression, avec Mademoiselle Caroline, 2018.

La Vie intérieure, 2018 (avec un CD d'exercices).

3 Minutes à méditer, 2017 (avec un CD d'exercices).

Trois amis en quête de sagesse, avec Alexandre Jollien et Matthieu Ricard, coédition Allary Éditions, 2016.

Se changer, changer le monde, avec Jon Kabat-Zinn, Pierre Rabhi et Matthieu Ricard, 2013.

Méditer, jour après jour. 25 leçons de pleine conscience, 2011 (avec un CD d'exercices). Collection Proche, 2023.

De l'art du bonheur, 2010, nouvelle édition.

Aux éditions Odile Jacob

S'estimer et s'oublier, Abécédaire de l'estime de soi, 2024.

La Nouvelle Peur des autres. Trac, timidité et phobie sociale, avec Antoine Pelissolo et Patrick Légeron, 2023.

Les Nouvelles Personnalités difficiles. Comment les comprendre, les accepter, les gérer, avec François Lelord, 2021.

Ces liens qui nous font vivre. Éloge de l'interdépendance, avec Rebecca Shankland, 2020.
Et n'oublie pas d'être heureux. Abécédaire de psychologie positive, 2014.
Sérénité. 25 histoires d'équilibre intérieur, 2012.
Les États d'âme. Un apprentissage de la sérénité, 2009.
Imparfaits, libres et heureux. Pratiques de l'estime de soi, 2006.
Psychologie de la peur. Craintes, angoisses et phobies, 2004.
Vivre heureux. Psychologie du bonheur, 2003.
La Force des émotions. Amour, colère, joie, avec François Lelord, 2001.
La Peur des autres. Trac, timidité et phobie sociale, avec Patrick Légeron, 2000.
L'Estime de soi. S'aimer mieux pour vivre avec les autres, avec François Lelord, 1999.

Aux éditions du Seuil, coll. « Points »

Méditations sur la vie, avec Anne Ducrocq, 2017.
Je résiste aux personnalités toxiques (et autres casse-pieds), avec le dessinateur Muzo, 2011.
Je guéris mes complexes et mes déprimes, avec le dessinateur Muzo, 2010.
Je dépasse mes peurs et mes angoisses, avec le dessinateur Muzo, 2010.

Autres éditeurs

Les Pensées qui soignent, avec Michel Le Van Quyen, Belin, 2017.
Qui nous fera voir le bonheur, avec Martin Steffens, Le Passeur, 2014.

Pour tous ceux qui aiment découvrir les histoires derrière les livres, nous vous donnons rendez-vous sur www.collectionproche.fr

L'édition originale de ce livre est le fruit du travail de toute une équipe de passionnés aux Éditions de L'Iconoclaste, sous l'impulsion de Catherine Meyer.

Pour sa sortie dans la Collection Proche,

Vahram Muratyan a conçu la couverture d'après une illustration de Merijn Jansen et imaginé la recette idéale pour un plaisir de lecture parfait : de belles marges blanches, un interlignage finement étudié et un savant mélange de trois fontes (Heldane Text, Tiempos Fine et Galano Grotesque).

À la fabrication, Marie Baird-Smith a travaillé pour obtenir l'objet idéal : un livre souple, un papier léger et bouffant, une carte de couverture qui lui permettra de vieillir sur votre étagère sans prendre une ride.

L'équipe de Soft Office a réalisé la mise en page du texte. Hélène Meurice a relu le livre à la virgule près.

Constance Beccaria, Pierre Bottura, Adèle Leproux Clémentine Malgras et Anne-Sophie Richard ont imaginé la communication et le marketing autour du livre.

Les factures des collaborateurs et les droits d'auteur sont payés rubis sur l'ongle par l'équipe de Christelle Lemonnier.

Les représentants de Rue Jacob diffusion, coordonnés par Élise Lacaze, ainsi que l'équipe d'Interforum, ont sillonné toutes les librairies françaises, suisses et belges.

Ce livre est désormais entre vos mains, prêt à démarrer sa nouvelle vie.

IMPRIM'VERT®

PEFC
10-31-2541
Promouvoir la gestion durable de la forêt
www.pefc-france.org

L'ensemble de cet ouvrage a été réalisé dans le respect des règles environnementales en vigueur. Il a été imprimé par un imprimeur certifié Imprim'Vert, sur du Classic Book PEFC pour l'intérieur et une carte Metsäboard PEFC pour la couverture.

Achevé d'imprimer en France sur les presses de l'imprimerie Normandie Roto Impression s.a.s. à Lonrai (Orne) en décembre 2023.

ISBN : 978-2-493909-55-8
N° d'impression : 2304868
Dépôt légal : Janvier 2024

En France, un livre a le même prix partout.
C'est le « prix unique du livre » instauré par la loi de 1981 pour protéger le livre et la lecture. L'éditeur fixe librement ce prix et l'imprime sur le livre. Tous les commerçants sont obligés de le respecter. Que vous achetiez votre livre en librairie, dans une grande surface ou en ligne, vous le payez donc au même prix. Avec une carte de fidélité, vous pouvez bénéficier d'une réduction allant jusqu'à 5 % applicable uniquement en magasin (les commandes en ligne expédiées à domicile en sont exclues). Si vous payez moins cher, c'est que le livre est d'occasion.